Archiprix 2009

De beste Nederlandse afstudeerplannen
architectuur, stedebouw, landschapsarchitectuur

The Best Dutch Graduations Projects
architecture, urban design, landscape architecture

010 PUBLISHERS, ROTTERDAM 2009

Inleiding
Introduction

2

De rijke oogst van 2009

Wederom presenteert Archiprix met gepaste trots de jongste lichting talentvolle ontwerpers die de gezamenlijke Nederlandse ontwerpopleidingen selecteerden als hun beste afstudeerders. We ontvingen het maximale aantal van 27 inspirerende plannen die alle in dit boek gepresenteerd worden. Om de inhoudelijke kwaliteiten van die plannen beter voor het voetlicht te brengen ontwikkelde Ingeborg Scheffers, de ontwerpster van dit boek, een nieuwe opzet die meer ruimte biedt aan de presentatie van elk afzonderlijk plan.

Archiprix op het web

Elke twee weken presenteert Archined in samenwerking met Archiprix één van de deelnemende plannen op hun website. Het 'dossier Archiprix 2009' dat sinds half april op het web verschijnt biedt uitgebreide informatie en wordt door een breed publiek goed bezocht. Na een jaar is de gehele lichting aan de beurt geweest en komt de volgende generatie aan bod.

Stedebouw

In de praktijk is er behoefte aan goede stedebouwkundigen die gestalte kunnen geven aan de ambitie van de rijksoverheid om de kwaliteit van de openbare ruimte te stimuleren. Juist nu is er slechts één plan vanuit de afstudeerrichting stedebouw ingestuurd door de opleidingen. In de ronde van 2008 was er relatief veel aandacht voor het hogere schaalniveau met een ruim aantal opvallend goede plannen vanuit de studierichting stedebouw en ook onder de architectuur en landschapsarchitectuurplannen veel aandacht voor de stedebouwkundige aspecten. We rekenen in 2010 dan ook weer op een betere vertegenwoordiging van de stedebouwkundige discipline.

Archiprix International Montevideo 2009

In maart en april van dit jaar vonden in Montevideo de workshops, tentoonstelling en de prijsuitreiking plaats van de Archiprix International. De publicatie van deze ronde verscheen in zowel een Engelse als een Spaanse editie. De Archiprix International kent een gestaag groeiend aantal inzendingen dat in deze ronde is opgelopen tot 218 uit 66 landen. Dankzij de bijzonder stimulerende samenwerking met de Facultad de Arquitectura, Universidad de la Republica – Uruguay groeide het aantal deelnemende opleidingen in Latijns Amerika sterk. We verwachten daarmee structureel de aansluiting met Latijns Amerika versterkt te hebben. In 2011 is Noord Amerika aan de beurt. In de duurzame samenwerking met hoofdsponsor Hunter Douglas worden de activiteiten verder uitgebouwd.

Economie

Nadat het Nederlandse ontwerponderwijs vorig jaar getroffen werd door het afbranden van de grootste ontwerpopleiding, de faculteit Bouwkunde van de Technische Universiteit Delft, voltrekt zich momenteel een zo mogelijk nog grotere ramp. Door de economische teruggang is het aantal ontwerpopdrachten drastisch afgenomen. Dat treft de hele beroepsgroep hard, voor starters is de situatie dramatisch. Zoals de faculteit Bouwkunde in minder dan geen tijd uit de as herrees en een jaar na de brand met nieuw elan het voormalige hoofdgebouw van de TU Delft in bezit heeft genomen, zo hopen we dat onze deelnemers zich binnen korte tijd weer kunnen storten op voldoende inspirerende opdrachten. De Archiprix deelnemers zijn er klaar voor en de bouwpraktijk is in deze situatie meer dan ooit gediend met inventieve ontwerpers. Juist in deze tijd roepen we opdrachtgevers dan ook op om de aankomende talenten een kans te geven. Daarmee kunnen ze zichzelf. de beginnende ontwerpers én de bouwpraktijk een enorme dienst bewijzen. De Archiprix deelnemers zullen hun talenten en energie graag aanwenden om het beste uit de opdracht te halen en zo met hun bezielende ideeën en plannen de gebouwde omgeving te verrijken.

Thijs Asselbergs
voorzitter

The rich harvest of 2009

Once again Archiprix presents with justifiable pride the latest batch of fledgling design talent, selected by the collective Dutch architecture schools as their top graduates. We received the maximum number of 27 inspirational projects, all of which are presented within these pages. Ingeborg Scheffers, who designed this year's book, developed a new layout that makes more room for each project individually so as to bring out their intrinsic qualities to better effect.

Archiprix on the web

Every two weeks Archined in association with Archiprix presents one of the entries on its website. Online since mid April, the 'Archiprix 2009 dossier' has in-depth information and is visited by a wide audience. After a year all 27 will have been covered and then it's the next generation's turn.

Urban design

There is at present a crying need for capable urban designers who can give shape to the Dutch government's intention to stimulate the quality of public space. And yet just one urban design entry was submitted to Archiprix this year. The 2008 edition saw a fine focus on the macro scale in an ample batch of excellent urban design projects and a strong attention to urbanistic aspects among the architectural and landscape projects. We therefore expect urbanism to be better represented again in 2010.

Archiprix International Montevideo 2009

In March and April of this year the workshops, exhibition and awards presentation of Archiprix International took place in Montevideo. The accompanying book was published in two editions, English and Spanish. Archiprix International is enjoying a steady increase in submissions which this time round have risen to 218 from 66 countries. Thanks to the particularly stimulating collaboration with the Facultad de Arquitectura, Universidad de la Republica, Uruguay, the number of participating institutions in Latin American countries is increasing hand over fist. We expect this situation to strengthen Archiprix's ties with Latin America generally. In 2011 it will be the turn of North America. Our activities continue to extend as part of the long-term association with our principal sponsor Hunter Douglas.

Economy

If Dutch architectural education was hit by the destruction by fire of its greatest asset, the Faculty of Architecture at Delft University of Technology, an even greater disaster is now unfolding. The economic downturn has brought a dramatic drop in the number of commissions. This situation is a blow to the entire profession but it is downright catastrophic for startup firms. But just as the Faculty of Architecture rose from the ashes in next to no time and a year later the TU Delft's former main building was appropriated with renewed zest, we hope that our entrants will very soon be able to apply themselves to enough inspiring commissions. The Archiprix participants are ready to go, and in the present situation the world of building construction is better served than ever by inventive designers. These days especially, clients must make that extra effort to give prospective design talent a chance. They would then be doing themselves, the fledgling designers and not least the world of building construction an enormous service. Entrants to Archiprix will be only too pleased to channel their talents and energies into getting the best out of the commission, thereby enriching the built environment with their inspirational ideas and projects.

Thijs Asselbergs
Chairman

Inhoud
Contents

4

Teksten Texts

Plannen <u>Projects</u>

Joep van As

→26–27,92

Architectuur met natte voeten <u>Architecture with wet feet</u>

Revitalisatie voormalig steenfabriekscomplex 'de Bunswaard'
<u>Revitalizing De Bunswaard, a former brickworks</u>

Door de klimaatveranderingen vervullen de elementen niet alleen een steeds prominentere rol in het hedendaagse leven, maar ook in de architectuur. Bij het ontwerpen met het stijgende water kunnen we inspiratie putten uit het rijke en leerzame verleden van Nederland als waterland. Gefascineerd door deze problematiek wil ik kijken wat de invloed van het water is op mijn directe omgeving en hoe ik die kan gebruiken voor het ontwerp van de herbestemming van de voormalige steenfabriek 'de Bunswaard'. Het unieke fabrieks-complex is gelegen in de uiterwaarden van de Waal. Het is de bedoeling dat door de herbestemming het voor de streek typerende samenspel van land-schap en bebouwing behouden blijft. Tevens biedt het project de mogelijk-heid om te leren van het verleden en te experimenteren met bouwen in het retentiegebied van de rivier en zo een volgende stap te zetten in de Neder-landse watercultuur.

De historiek van de steenfabriek vormt als spoor uit het verleden een bruik-baar uitgangspunt voor het ontwerp, net als functionele en esthetische typo-logieën die terug te vinden zijn in het landschap en de bebouwing van het fabriekscomplex.

Het ontwerp moet het complex zijn plaats teruggeven in de streek, niet als een monument, maar functionerend en passend in deze tijd. De voormalige steenfabriek biedt als nieuwe creatieve broedplaats betaalbare werkruimten en ateliers voor mensen uit de regio, daarnaast zullen er exposities en voor-stellingen zijn voor bezoekers. De nieuwe invulling van 'de Bunswaard' is zo vormgegeven dat gebruikers en bezoekers om kunnen gaan met de onzeker-heden van het gebied. De formule functioneert juist dankzij de verande-ringen in het landschap.

De Waaloven en de Kamerringoven vormen de belangrijkste onderdelen van dit plan en zijn daarom zowel architectonisch als technisch tot in detail uit-gewerkt. Wanneer in de toekomst het waterniveau een buitengewone hoogte aanneemt zal dit hart van het complex 'de Bunswaard' gewoon in bedrijf zijn. Het waterniveau in Fase 5, +1475 cm NAP, betekent dat de twee voormalige ovens met de voeten in het water staan. Het ontwerp accepteert de aan-wezigheid van het water op een gecontroleerde manier. De routing in het gebied is in die fase dusdanig gekrompen dat alleen nog maar de Waaloven en de Kamerringoven bereikbaar zijn via een opdrijvende vlonder.

Thanks to climate change, the elements are looming ever larger in daily life but also in architecture. When designing to accommodate the rising sea level we can draw inspiration from the Netherlands' rich and instructive past as a land of water. Fascinated by this problematic, I have looked at the way the water influences my immediate surroundings and how I could use this infor-mation in redesigning De Bunswaard, a former brickworks, in a new capacity. This unique factory complex stands in the floodplains of the river Waal. My aim in reallocating the brickworks is to retain the interplay of landscape and buildings typical of the region. At the same time, the project is an opportunity to learn from the past and experiment with building in the river's retention area as a next step in Dutch 'water culture'.

The historical aspect of the brickworks, as a relic of the past, is an effective stepping-off point for the design, as are functional and aesthetic typologies found in the landscape and the factory buildings.

The design seeks to return the complex to its rightful place in the region, not as a monument but functioning in a form appropriate to today. The former brickworks acts as a new creative incubator, providing affordable workplaces and studios for local people alongside exhibitions and performances put on for visitors. De Bunswaard's new duty is designed so that users and visitors can engage with the uncertainties in the region. Just these changes in the landscape are what make the formula work.

Key components of the scheme are the field oven (Waaloven) and chamber oven (Kamerringoven) and so these are worked out in technical and archi-tectural detail. Should the water level rise alarmingly in the future, this heart of the De Bunswaard complex will continue to function. The water level in phase 5, 1475 cm above Amsterdam mean sea level, means that the two former ovens then have wet feet. The design accepts the water's presence in a controlled form. In this phase, the routeing in the area has shrunk so much that only the field and chamber ovens are accessible, reached along a pon-toon bridge.

———

Opleiding <u>Place of education</u>: TU Eindhoven
Studierichting <u>Specialization</u>: architectuur <u>architecture</u>
Mentoren <u>Tutors</u>: Jouke Post, John Swagten, Hüsnü Yegenoglu

Sanne Blom

→28–29,92

A Place for Movement and Performance: A public space in Amsterdam-Noord

Het dansinstituut biedt de professionele danswereld een herkenbare plek <u>The dance institute gives the professional dance world a recognizable place of its own</u>

Het ontworpen dansinstituut is gelegen aan het IJ op het fabrieksterrein van Stork in Amsterdam Noord. De professionele danswereld van Amsterdam die op dit moment is verdeeld over talloze locaties door de gehele stad krijgt er een duidelijk herkenbare plek. Dansers en choreografen kunnen er bijeen komen om dansstukken te ontwikkelen en vooral ook om de wereld van de dans aan het publiek te laten zien. Het dans gerelateerde programma met studio's, buiten- en binnenpodia en appartementen voor choreografen is ge-combineerd met een flink publiek programma waaronder een foyer, horeca-voorzieningen, een dansclub, een badhuis met fitness en sauna en een winkel. Het leidende thema in het ontwerpproces bestond uit het versterken van de publieke ruimte in Amsterdam Noord.

Het dansinstituut ontstond uit de ritmes en de lijnen die zijn gevonden in de directe omgeving. Het geheel bestaat uit een landschap van zogenaamd los-staande gebouwen oprijzend uit de aarde, waartussen formele en informele buitenruimten ontstaan. De zogenaamd losstaande bouwblokken zijn ver-bonden via een ondergrondse levendige corridor. Deze vormt niet alleen een functionele verbindingsroute maar fungeert ook als foyer. Het geeft de dan-sers de gewenste aangename ruimte net buiten de studio's en voorziet zo in de behoefte aan een plek voor 'slowness'. Daarnaast creëert de corridor de ontmoetingspunten tussen de danswereld en het publiek. Bij het bewande-

The proposed dance institute stands on the banks of the IJ inlet in the former Stork factory grounds in Amsterdam-Noord. With Amsterdam's professional dance world scattered all over the city at present, this would give it one read-ily identifiable place. In the institute dancers and choreographers can convene to develop dance pieces and above all show the world of dance to the public. The dance-related programme of studios, indoor and outdoor performance venues and apartments for choreographers combines with a hefty public pro-gramme including a foyer, refreshment facilities, a dance club, a bath house with exercise studio and sauna, and a shop. The principal theme in the design process was to strengthen the public realm in Amsterdam-Noord.

Drawn from the rhythms and lines of its immediate surroundings, the dance institute consists of a landscape of 'freestanding' buildings rising out of the earth that generate between them formal and informal outdoor spaces. The seemingly separate blocks are connected by a bustling underground corridor. Not just a functional connecting route, it also serves as a foyer. It provides dancers with the desired congenial space just outside the studios, including the necessary space for 'slowness'. It also creates meeting points between the dance world and the public, which gets sneak peeks into the world of dance, a world unknown to many, whilst following the public route.

Altogether it is a building along restrained lines that I hope will show off the

len van de publieke route passeert men sneakpeaks die een inkijkje bieden in de voor veel mensen onbekende wereld van de dans.

Al met al is een sober vormgegeven gebouw ontstaan dat naar ik hoop de wereld van de dans maximaal tot zijn recht laat komen. De opdracht was het ontwerpen van een herkenbare plek voor de dansers binnen een complex ensemble van verschillende ruimten met ieder een heel eigen functie en beleving. Uit een brede analyse, waarbij vooral is gekeken naar de onderlinge samenhang van de geanalyseerde aspecten, ontstond gedurende het proces een verhaallijn waarlangs het ontwerp is ontwikkeld.

Net als 'architectuur' voor architecten heeft het begrip 'dans' voor iedere danser een heel specifieke eigen betekenis. Dit ontwerp is dan ook niet voor één specifiek individu bedoeld maar moet een hele brede groep mensen huisvesten met ieder een eigen beleving van de verschillende ruimten. Daarom heb ik een 'neutraal' gebouw ontworpen waarin de dans zelf het ornament vormt. Zodoende wil ik als architect ruimten creëren die door hun neutraliteit op verschillende manieren geïnterpreteerd kunnen worden door de gebruikers en zo ook een bepaalde flexibiliteit in het gebruik kunnen bewerkstelligen. Zo kan de eerder genoemde verhaallijn van het ontwerp ook de verhaallijn van de dansers worden en een geheel eigen vervolg krijgen zonder dat de architectuur zich daarbij al te veel op de voorgrond dringt.

world of dance to full effect. The brief was to design a clearly recognizable place for the dancers within a complex ensemble of spaces each with its own purpose and appeal. A broad analysis focusing on the correlation of the analysed aspects generated during the process a storyline from which the design emerged.

Just as architecture is for architects, so the notion of 'dance' has its own highly specific meaning for each dancer. This design, then, is not meant for any one individual but for a very broad group of people, each with their own perception of the different spaces. Which is why I have designed a 'neutral' building in which the dance itself is the ornament. In so doing, I seek to create spaces whose neutrality can be interpreted in different ways by its users and so bring about a degree of flexibility in its use. The aforementioned storyline of the design can then become the storyline of the dancers and develop on its own terms without the architecture pushing itself into the foreground.

___

Opleiding Place of education: TU Delft
Studierichting Specialization: architectuur architecture
Mentoren Tutors: Heike Löhmann, Maarten Meijs

Servie Boetzkes
→30-33,92

Kartuizerklooster: een psychodyslepticum
Carthusian monastery: a psychodyslepticum

Het nieuwe klooster in het centrum van Brussel vormt een rustpunt waar contemplatieven kunnen ontsnappen aan de dynamiek van de stad The new monastery in the centre of Brussels is an oasis where contemplatives can escape the bustle of the city

In een tijd van voortschrijdende globalisering, van een dynamische 24-uurs economie en een eindeloze verstedelijking zal de stad meer en meer terrein winnen als de habitat voor de mens. Door deze ontkoppeling met de natuur, de rurale en onherbergzame gebieden als vluchtoord, zal de wens te vluchten in ditzelfde stedelijke weefsel enkel aantrekken. Een nieuw op te richten kartuizerklooster in het centrum van Brussel vormt een rustpunt dat ruimte biedt aan deze groep van contemplatieven. Het ontwerp van dit klooster is gebaseerd op de grensverkenning van de literatuur en de architectuur. De roman 'The Ticket That Exploded' van William S. Burroughs vormde het beginpunt. Het shockerende effect van deze tekst wordt ingezet voor een architectonisch experiment: het *psychodyslepticum*. Dit bewustzijnsverruimende middel dat een heftige storing in de psyche teweegbrengt, zal worden ingezet in de meest kansarme buurt van Brussel. Op deze plek is een krachtig middel gewenst dat de cumulatie van aanwezige belemmeringen voor groei en doorbloeding openbreekt. Het kartuizerklooster is het antwoord. Het biedt een plek voor innerlijke stilte voor een zeer introverte gemeenschap.

Het klooster is gehuisvest in een monoliet aan de rand van het centrum tegenover het zakelijke district. Door zijn overgedimensioneerde wanden biedt het een absolute afscherming tegen zijn stedelijke omgeving. De kloosterling ervaart slechts fragmentarisch en in stilte de stad, zijn woestijn.

Het betreden van het klooster vindt plaats door het bestijgen van een twaalf meter hoge ophaaltrap die absolute inclusie garandeert. Binnen dit klooster zorgt een stelsel van gangen, trappen en hefplateaus voor een continuïteit die de diverse ruimten aan elkaar weeft. Men kan eindeloos dwalen in dit bouwwerk. Zoals een stedeling kan dwalen door zijn labyrint de stad. Het interieur is groots en transcendent. De ruimten staan ten dienste van het belijden van het strenge geloof waarin de kloosterling zelf is gemarginaliseerd. Zijn doel is geestelijke verlichting door belijdenis en daarmee acceptatie van zijn ruimtelijke omgeving.

Lichte deformaties van het grondvlak dicteren de ruimte en geven zo een subtiele verdraaiing aan het kloosterleven. Het *psychodyslepticum* doet haar werk. Gevangen in een eindeloze ruimte van stilte zoekt de kartuizer zijn verlichting.

Het exterieur is door zijn witte verschijning een dissonant in het bestaande weefsel het tekent zich helder af tegen de grijze waas die Brussel overheerst. Het monolithische lichaam shockeert haar omgeving en neemt positie in.

Zelfs de realisatie van het klooster vraagt een straffe belijdenis. Enkel de meest pure grondstoffen vrij van verontreinigingen mogen gebruikt worden voor het verkrijgen van het witte betonnen oppervlak. Vervolgens wordt

In an age of rampant globalization with a dynamic 24-hour economy and urbanization without end, the city will continue to gain ground as the place where people live. Given this detachment from nature, from rural and inhospitable areas to escape to, some will be attracted by the desire to withdraw within this urban fabric. A Carthusian monastery would provide a suitable oasis to accommodate this group of contemplatives. The design for this monastery projected in the centre of Brussels is based on an exploration of the boundaries between literature and architecture. It steps off from William S. Burroughs' novel 'The Ticket That Exploded'. The shock effect of this text is enlisted for a architectural experiment, the *psychodyslepticum*. This mind-expanding agent with its powerful impact on the psyche is to be deployed in the most economically distressed area of Brussels. Here, a forceful agent is required to break through the accumulation of on-site obstacles to growth and blood flow. The Carthusian monastery is the answer – a place for inner silence for this most introverted of communities.

The monastery occupies a monolith on the rim of the city centre across from the business district. Its oversized walls screen it off completely from its urban setting. The monastics experience the city, their wilderness, only piecemeal and in silence.

You enter the monastery by climbing a 12-metre-tall retractable ladder, a guarantee of exclusivity. Once inside, a network of passages, stairs and jack-up platforms make for a continuity that weaves the various spaces together. You can roam to your heart's content in this edifice, the way city-dwellers can roam through their own labyrinth, the city. The interior is grand and other-worldly. Its spaces are to serve the monastics in their strict faith of contemplation in which they themselves are marginalized. Their goal is spiritual enlightenment through contemplation and, in the process, acceptance of their physical surroundings.

Light deformations of the ground plane dictate the space, giving a subtle twist to monastery life. The *psychodyslepticum* is taking effect. Caught in an endless space of silence, the Carthusians seek their enlightenment.

The whiteness of the exterior clashes with the existing urban fabric and is etched clearly against the grey haze presiding over Brussels. The monolithic body shocks its surroundings, taking up a position there.

Even the task of getting the monastery on site requires serious contemplation. Only the purest raw materials, free of pollution, may be used to obtain the white concrete surface. This is then polished by hand to a white satin sheen free of every sign of formwork and irregularity. Monastic labour.

This is a monastery in its purest and most elementary form, a decorum

dit betonoppervlak handmatig teruggepolijst tot er een satijnen witte gloed ontstaat die vrij is van elke bekistingaftekening en ongelijkmatigheid. Monnikenwerk.
Een klooster in zijn meest pure en elementaire vorm als een decorum voor de belijdenis van een strenge geloofsorde, de orde der Kartuizers.

for the life of contemplation led by a strict religious order, the Order of Carthusians.

—

Opleiding Place of education: TU Eindhoven
Studierichting Specialization: architectuur architecture
Mentoren Tutors: Gijs Wallis de Vries, Jacob Voorthuis, Ralph Brodrück

Linda Buijsman
→34–35,92

Duurzame, zelfredzame en betaalbare huisvesting voor de urban poor in Phnom Penh Sustainable, independent and affordable housing for the urban poor in Phnom Penh

Een wijk midden in Phnom Penh wordt van de ene op de andere dag ontruimd. De mensen worden met trucks naar een stuk land ongeveer 15 kilometer van het centrum gebracht. De bewoners die voorheen met een inkomen van één tot twee dollar per dag hun gezin net konden onderhouden wonen nu ver van de werkgelegenheid en de vele voorzieningen in de stad.
Dit plan betreft een nieuwe wijk voor deze 100 families. Van groot belang bij deze reële opgave is de zelfredzaamheid van de 'community' op het gebied van economie, drinkwater en voorzieningen. De woon-werk woningen met een eigen toilet, de marktplaats en de waterplaatsen zijn daarvoor essentieel. Het ontwerp is gebaseerd op de Cambodjaanse culturele waarden, beschikbare bouwtechnieken, locale klimatologische aspecten én de toekomstige groei van de wijk. De wijk zou in de toekomst het dubbele aantal families kunnen huisvesten. De constructie van de woningen is daarom berekend op een extra woonlaag. De panelen in de gevels zijn door de bewoners vrij in te delen. Zo kunnen bijvoorbeeld materialen uit de vorige woning worden hergebruikt in de nieuwe woning. De mogelijkheden van het bouwen met bamboe worden in dit plan optimaal benut. De waterplaats en de marktplaats zijn ontworpen als bijzondere wijkelementen waarin de verschillende mogelijkheden van het bouwen met bamboe zijn verwerkt om zo het imago van dit bouwmateriaal te verbeteren.
De wijk is zelfvoorzienend in de behoefte aan water. Regenwater en grondwater worden gezuiverd en opgeslagen. Een belangrijke randvoorwaarde is het beschikbare budget van 950 dollar waarmee elke familie toegang tot zowel een woning als de voorzieningen kan krijgen. Met dit beperkte bedrag per familie kan het plan betaald en gerealiseerd worden door de bewoners zelf.

A neighbourhood in the centre of Phnom Penh was cleared out with no warning. Its residents were loaded onto trucks and deposited on a piece of land some 15 kilometres from the city centre. Just able to support themselves and their families on an income of one to two dollars, they are now far from their jobs and the necessary facilities the city has to offer.
This project constructs a new neighbourhood for these 100 families. A key proviso in this relevant brief is that this community can support itself in terms of money, potable water and amenities. This means live-work units each with its own toilet, a marketplace and water wells. The design steps off from Cambodian cultural values, available building techniques, aspects of local climate and the neighbourhood's growth so as to be able to accommodate twice as many families in the future. Thus, the structure of the houses takes into account a new storey to be added on top. The cladding panels can be placed by the occupants as they see fit. Materials from their previous houses might be recycled in the new ones. In this project the potentials of bamboo construction are exploited to the full. The well and marketplace are designed as dedicated local elements that incorporate different ways of building with bamboo to boost the image of this construction material.
The neighbourhood is quite independent in its water management, purifying and storing the rainwater and ground water itself. An important precondition is a budget of 950 dollars made available to each family, enabling them to have their own home and make use of the neighbourhood facilities. This modest sum per household means that the project can be paid for and carried out by the residents themselves.

—

Opleiding Place of education: TU Delft
Studierichting Specialization: architectuur architecture
Mentoren Tutors: Arjan van Timmeren, Machiel van Dorst, Guus Westgeest, Jeroen van de Laar

Dingeman Deijs
→36–39,93

Uitgemergeld Marlnutrition

Door het verstevigen van verzwakte mergelkolommen blijft het gangenstelsel van de Sint-Pietersberg bij Maastricht intact en krijgt een nieuwe recreatieve bestemming By strengthening the weak columns of marl, the network of tunnels in the St Pietersberg near Maastricht can be kept intact and given a new recreational use

Op weg naar een stabiele Nederlandse berg Na eeuwenlang blokbreken en graven komt er een einde aan de mergelwinning in de Zuid-Limburgse Sint-Pietersberg. De cementfabriek vertrekt.
Dit plan opent een nieuw toekomstperspectief voor de berg. Door het verstevigen van zwakke mergelkolommen kan het instabiele gangenstelsel en de rand van de open groeve eindelijk openbaar gebied worden. De ingrepen voorkomen het instorten van berg. Het bedreigde landschap wordt behouden en krijgt een nieuw recreatief leven.
De betonnen versteviging is zo vormgegeven dat er overnachtingsplekken voor berglopers in gerealiseerd kunnen worden. Gekoppeld aan de overnachtingsplekken wordt een eetgelegenheid aan de open groeve gecreëerd. Streekgebonden producten zoals champignons en artisjokken uit de gangen en druiven uit de omliggende heuvels vormen ingrediënten voor de gerechten. Kokers voor lucht en licht verbinden de onder- en bovenwereld.

A stable Dutch hill in the making After centuries of breaking blocks and quarrying, the reclamation of marl in St Pietersberg, a hill south of Maastricht in Limburg, has come to an end. The cement works has closed down.
This proposal opens up new prospects for the hill. By strengthening the weak columns of marl, the unstable network of tunnels and the edge of the open quarry can finally become public domain. These interventions prevent the hill from collapsing. The threatened landscape is retained and given a new life of leisure.
The concrete reinforcement is shaped in such a way as to make space for places where hill walkers can spend the night. These overnight spots are joined by a restaurant created in the open quarry. Its dishes are made up of regional products such as mushrooms and artichokes from the tunnels and grapes from the surrounding hills. Shafts for air and light connect the world below with the world above.

In de oksel van de groeve wordt door de cementfabriek een op het zuiden gelegen laatste plateau gegraven. Centraal op het plateau komt een openluchtbad. Het water van de watervallen uit de mergelwanden wordt hier opgeslagen en verwarmd door de warmte van de wanden. Het water loopt tevens gedeeltelijk door in de ondergrondse gangen. Trappen verbinden het plateau met de open groeve waar men kan zwemmen in het nieuwe mergelmeer. De contrasten tussen het gangenstelsel en de open groeve worden hier optimaal voelbaar: binnen-buiten, donker-licht, vochtig-droog, gesloten-open en warm-koud.

Aardpijpen, ingestorte grondlichamen, worden uitgegraven en verstevigd en vormen verticale ontsluitingen tussen de gangen en het maaiveld. Beeldhouwers van het naastgelegen kunst- en cultuurcentrum krijgen enkele van deze kolommen ter beschikking om ze te bewerken. Verschillende lichtbundels, solartubes, leiden de toeristen van kolom naar kolom. Vanuit deze kunstgangen loopt een 50 meter lange hangbrug naar het kunst- en cultuurcentrum dat is ondergebracht in een voormalig fabrieksgebouw. Een oude aan- en afvoerkoker wordt omgevormd tot loopbrug die het gebouw verbindt met de aanlegsteiger van de toeristenboot aan de Maas.

De verschillende onderdelen van het plan worden aan elkaar gekoppeld door een ondergrondse route van één kilometer die loopt vanaf het eindpunt van het Pieterpad bovenop de berg tot aan de aanlegsteiger.

Een samenwerkingsverband tussen de cementfabriek en de stad Maastricht financiert de ingrepen en voert ze uit. Als laatste handeling in zijn bestaan levert de fabriek het cement voor het benodigde beton voor de verstevigingen. De werknemers van de cementfabriek beheren vanaf dat moment de berg.

At a point where the quarry billows in the north-east, the cement works will cut a last, south-facing platform. At its centre is an open-air swimming pool, filled with water from the cascades from the marlstone walls and warmed by the heat from the walls. Some of the water flows on in the underground passages. Stairs connect the platform with the open quarry where one can swim in the new marlstone lake. The contrasts between the network of tunnels and the open quarry – inside-outside, dark-light, damp-dry, closed-open, warm-cold – are most apparent here.

Vertical hollows that have become filled with loose material are dug free and strengthened to form vertical accesses between the tunnels and the ground plane. Sculptors from the neighbouring centre for art and culture then have several of these columns at their disposal to work on. Light beams, or solar tubes, lead tourists from one column to the next. A 50-metre-long suspended bridge extends from these 'art corridors' to the art centre, housed in a former cement works building. An old supply and discharge shaft becomes a footbridge that connects the building to a landing stage for the tourist boat on the river Maas. An underground route a kilometre long, extending from the endpoint of the Pieterpad walking route on top of the hill to the landing stage, threads the project's components together.

The cement works and the City of Maastricht are to join forces in financing the interventions and carrying them out. The factory's final job before closing is to supply the cement for the concrete necessary for the reinforcement. From then on, its employees will manage the hill.

____

Opleiding **Place of education:** AvB Amsterdam
Studierichting **Specialization:** architectuur architecture
Mentoren **Tutors:** Machiel Spaan, Gianni Cito, Marieke Timmermans

Björn Fries · Cité Noord

→40–41,93

**Perceptie en engagement vormen de bepalende parameters in het ontwerp van een complex met appartementen, kantoren, winkels een cultureel centrum en een bibliotheek in Amsterdam noord
Perception and engagement are the defining parameters in this design for apartments, offices, shops, a cultural centre and a library in Amsterdam-North**

Het project is gesitueerd in het uiterste noordoosten van Buiksloterham tegenover Disteldorp een buurt met kleine rijenhuizen. De locatie markeert een belangrijke toegang van Buiksloterham. De karakteristieke schaalverschillen van Amsterdam noord zijn hier tot het uiterste opgevoerd. De omgeving varieert van grootschalige industriële complexen tot en met het kleinschalige Disteldorp. Het project nestelt zich in het krachtenveld van het transformerende gebied. Voor Buiksloterham ontwikkelde de gemeente een masterplan getiteld 'Transformatie naar stedelijk wonen en werken'. De daarin vastgestelde maximum bouwhoogtes en dichtheden vormen het uitgangspunt voor Cité Noord. Het programma van eisen beslaat 38.000 m² en omvat naast 120 appartementen zowel kantoren als winkels en een grote openbare functie. De ambitie van het plan bestaat uit het scheppen van een omgeving waarbinnen de interactie tussen de verschillende gebruikers wordt gestimuleerd. Om dit doel te onderstrepen is voor de invulling van de openbare functie gekozen voor een bibliotheek en een cultureel centrum. Deze mix is mede geïnspireerd door het gegeven dat senioren een belangrijke groep van toekomstige bewoners van de appartementen vormen. Om de dreigende isolatie van de ouderen te bestrijden is een omgeving gerealiseerd waar zowel buurtbewoners als bezoekers elkaar treffen. Perceptie en engagement, zowel met betrekking tot de omgeving als tot de bezoekers vormen daarbij de bepalende parameters in het ontwerp. Het project wordt op alle schaalniveaus beïnvloedt door de gedragsmodi van zowel de direct betrokkene als de buitenstaander. De architectuur probeert continu de dialoog aan te gaan met de gebruiker door langzamerhand al zijn lagen te onthullen en daarmee de gebruiker uit te dagen om zichzelf bloot te geven.

This project is situated in the extreme north-east of Buiksloterham, opposite Disteldorp, a neighbourhood of small terraced houses, at a site marking a principal way in to Buiksloterham. Differences in scale characteristic of Amsterdam-North are here pumped up to the max, ranging from large-scale industrial complexes to small-scale Disteldorp. This project nestles in the force field of the transforming area. The City of Amsterdam has drawn up a masterplan for Buiksloterham whose title translates as 'Transformation to urban living and working'. Cité Noord steps off from the maximum building heights and densities stipulated in the masterplan. The brief is for 38,000 m² and calls for 120 apartments as well as offices, shops and a major civic duty. The plan is to create an environment that stimulates interaction between its groups of users. To underline this aim, the present proposal opts for a library and cultural centre. This mix is partly inspired by the fact that senior citizens are a key group of future residents for the apartments. To combat the isolation that threatens the elderly, the proposal constructs an environment in which both locals and visitors come into contact. In this respect, perception and engagement are the design's defining parameters, whether in terms of the setting or its visitors. The project is influenced at all scales by the behavioural modes of both those directly involved and those on the sidelines. Its architecture constantly seeks to enter into dialogue with the users by steadily revealing itself layer by layer, challenging them to do the same.

____

Opleiding **Place of education:** TU Delft
Studierichting **Specialization:** architectuur architecture
Mentoren **Tutors:** Mark Pimlott, Jurjen Zeinstra, Engbert van der Zaag

Janita Han

→42-43,93

Building Farm

Een bouw- en sloopafvalverwerkingscomplex op een verlaten spoorwegterrein in Oost Berlijn
A construction and demolition waste processing centre on a brownfield site in East Berlin

'Cities are like organisms, sucking in resources and emitting wastes. When archeologists of the future look at the deposits of the last quarter millennium, they will find a biological discontinuity as big as any in the past. They will expose a richness not of fossils but of plastic bags and other human refuse.'
Sir Crispin Tickell, Introductie van het boek 'Cities for a Small Planet' door Lord Richard Rogers

Materie en energie kunnen worden gemaakt noch vernietigd. Dit natuurkundig principe is wellicht één van de meest onderschatte noties in het streven naar vooruitgang. In het verlengde daarvan becommentarieert dit project het materiaalverbruik en de afvalproductie van steden. Op een verlaten terrein bij het Ostbanhof in Berlijn wordt een tijdelijk afvalverwerkingcomplex ontworpen. Het complex bestaat uit een gebouw voor de verkoop en de verwerking van bouw- en sloopafval alsmede een fabriek voor de productie van betonpanelen op basis van gerecyclede materialen en een overslagstation om afval per trein af te voeren.

De gebouwen bezetten het gebied tijdelijk, na 10 jaar wordt het complex ontmanteld en verplaatst naar een andere locatie. Met dat gegeven in het achterhoofd werd het ontwerp gemaakt. Daarmee worden de gebouwen een onderdeel van de materialencyclus van de stad. Na 10 jaar worden de gebouwdelen in de materialencyclus van de stad gevoerd. Deze notie van tijdelijkheid is vooral van belang voor een stad als Berlijn waarvan de verwoesting leidde tot puinhopen die vervolgens dienst deden als vuilstort. De krimp van het spoorwegarsenaal bevestigt het beeld van verandering waaraan dus ook de infrastructuur onderhevig is. De voormalige spoorzone bij het Ostbahnhof wordt door de nieuwe functie tot leven gewekt. De conditie van terrain vague wordt tijdelijk ingewisseld voor productie. De keuze van de plek onderstreept de essentie van afval en tijdelijkheid.

Het complex brengt het publiek in contact met het proces van recycling. Er kunnen daadwerkelijk producten gekocht worden in het gebouw voor detailhandel dat bovendien in overdrachtelijke zin fungeert als een billboard voor de stad. Door de dertig meter hoge gevel van geperforeerd cortenstaal ontwaart men de producten die in het gebouw verkocht worden, waardoor het gebouw tevens een statistische indicatie geeft van de hoeveelheid afval die de stad produceert.

'[C]ities … are like organisms, sucking in resources and emitting wastes. When archaeologists of the future look at the deposits of the last quarter millennium, they will find a biological discontinuity as big as any in the past. They will expose a richness not of fossils but of plastic bags and other human refuse.'
Sir Crispin Tickell, Introduction to the book 'Cities for a Small Planet' by Lord Richard Rogers

Matter and energy can be neither created nor destroyed. This principle of physics is perhaps one of the most underrated notions in our pursuit of progress. This project, then, is a commentary on the material cities consume and the waste they produce. It constructs a temporary waste processing centre on a brownfield site near Ostbahnhof station in Berlin. The complex consists of a construction and demolition (C&D) waste retail and processing plant, a factory for producing concrete panels from recycled materials and a transfer station for waste removal by train.

The buildings are temporary occupants, to be dismantled after ten years and rebuilt elsewhere, and were designed with deconstruction in mind. So they are themselves part of the material cycle of the city. This notion of temporality is particularly relevant to a city like Berlin, whose wartime devastation left piles of rubble that were used for landfills. The shrinkage in railway resources is illustrative of the changes that are also affecting infrastructure. This former railway yard alongside Ostbahnhof station is revivified by its new duty, with the condition of terrain vague temporarily exchanged for that of production. The choice of site underscores the twin essences of waste and temporality. The centre brings the public into contact with the recycling process. Indeed, there are products for sale in the retail building which acts as a metaphorical billboard for the city. The 30-metre-high facade of perforated Corten steel gives a glimpse of the products on sale in the building and therefore also a statistical indication of the amount of waste produced by the city.

———

Opleiding Place of education: TU Delft
Studierichting Specialization: architectuur architecture
Mentoren Tutors: Flip Geerts, Stefano Milani, Olaf Gipser

Jos van Heerde

→44-45,93

Sportcomplex Scheveningen Scheveningen Sports Complex

Aan het noordelijk havenhoofd te Scheveningen vormt het sportcomplex een symbiose tussen architectuur en kustwering Lying along the northern breakwater at Scheveningen, the sports complex is a symbiosis of architecture and the coastal defence structure

Gelegen aan het noordelijk havenhoofd te Scheveningen vormt het sportcomplex een symbiose tussen architectuur en de kustwering, gevormd door de wind, gemaakt tegen het water.

Het ontwerp is een vervolg op het afstudeerrapport dat ik schreef in samenwerking met J. Pot. Daarin onderzocht ik de architectuur, de kustwering, de klimaatsverandering en de gevolgen ervan in acht verschillende Nederlandse toeristische kustplaatsen. Als belangrijk probleem komt naar voren dat de dynamische bezetting van kustplaatsen tijdens de vier seizoenen geen relatie met architectuur kent. Dat wordt mede veroorzaakt door de barrière die de waterkering opwerpt. In het rapport wordt duidelijk dat de superstorm, een combinatie van springtij en een zware noordwesterstorm, hèt fenomeen is waar onze kustwering tegen bestand dient te zijn.

De noodzaak om de zwakke schakels in de kustwering ter plaatse van Scheveningen te versterken heeft geleid tot een nieuw stedebouwkundig plan van de boulevard ontworpen door Manuel de Solà-Morales. In dit ontwerp wordt het autoverkeer gedegradeerd omdat het grootste deel van de boulevard is gereserveerd voor voetgangers en fietsers. Het ontwerp van Solà-Morales is, naar mijn idee, conceptueel niet volledig uitgewerkt. Zo wordt de glooiing rigoureus afgekapt en het knooppunt van het noordelijk havenhoofd, de

Lying along the northern breakwater at Scheveningen, the sports complex is a symbiosis of architecture and the coastal defence structure, shaped by the wind, there to keep the water at bay.

The design is a sequel to the graduation report I wrote together with J. Pot. In it I explored the architecture, coastal defence, and climate change and its consequences in eight Dutch coastal tourist resorts. A key problem it foregrounded is that the dynamic occupation of coastal resorts during all four seasons bears no relation to architecture. This is partly brought about by the barrier erected by the breakwater. The report makes clear that superstorms – a combination of spring tide and a severe north-westerly storm – are the pre-eminent phenomenon our coastal defence system must be able to withstand.

The need to strengthen the weak links in the coastal defence at Scheveningen has led to a new urban plan for the boulevard designed by Manuel de Solà-Morales. In this design motorized traffic is degraded, with most of the boulevard reserved for pedestrians and cyclists. To my mind, Solà-Morales' design has not been fully thought through. Thus, for example, the slope of the dyke has been severely truncated and the node at the northern breakwater – the wavebreaker and the boulevard – is used for parking ends so that inevitably

golfbreker en de boulevard, gebruikt om de parkeerbehoefte te vervullen waar de auto's wederom aan de boulevard zullen domineren. Deze in mijn ogen onafgemaakte boulevard was voor mij een uitdaging en een goede locatie voor een ontwerp.

Het sportcomplex vormt een symbiose tussen architectuur en de kustwering waarbij de wind, één van de twee factoren voor een superstorm, van groot belang is geweest op architectonisch, landschappelijk en bouwfysisch gebied. Het warme zomers briesje, het geruis van het helmgras of het opspattende water zijn ervaringen die door de wind gevormd worden. Het gevoel, het geluid en de beweging van de wind zijn dan ook de ervaringen die ik zowel in het landschappelijke als het architectonische ontwerp heb laten terugkomen. In het ontwerp wordt de zuidwestenwind, de meest voorkomende windrichting, opgevangen door de zware schuine wanden. De lichte noordoostenwind 'het zomerse briesje', wordt langs de glooiing van de dijk geleid. De noordwestenwind, de gevaarlijkste wind als het gaat om de zeewering, wordt opgevangen door beide ontwerpelementen die samen een puntvormige massa vormen. Deze massa fungeert bij een zware noordwester storm als golfbreker waarbij de wind langs de gevel wordt geleid.

Het sportcomplex op de Scheveningse boulevard dat reageert op de gevaren van de klimaatverandering en vormt een aanvulling op de sporten die worden beoefend in de nabijheid van deze locatie. Sporten die, evenals de dynamiek van badplaatsen, afhankelijk zijn van de seizoenen.

cars will come to dominate the boulevard. This 'unfinished' boulevard I regard as a challenge and a great site for a design.

As said, the sports complex is a symbiosis of architecture and coastal defence in which the wind, one of the two factors for a superstorm, is of great importance in terms of architecture, landscape and building performance. The warm summer breeze, the rustle of marram grass and the spray of sea water are experiences shaped by the wind. So the sensation, sound and movement of the wind are the experiences I have reflected in both the landscape and the architectural design. In the design the south-westerly wind, the most prevalent wind direction, is taken up by the massive slanting walls. The light north-easterly wind or 'summer breeze' is led along the slope of the dyke. The north-westerly wind, the most dangerous in terms of coastal defence, is taken up by the two design elements which converge as a pointed mass. This mass functions in severe north-westerly storms as a wavebreaker that leads the wind along the facade.

The sports complex on the Scheveningen boulevard responds to the dangers of climate change and supplements the sports practised in the vicinity. Sports which, like the dynamic of seaside resorts, are contingent on the seasons.

——
Opleiding Place of education: TU Delft
Studierichting Specialization: architectuur architecture
Mentoren Tutors: Robert Nottrot, Andy van den Dobbelsteen, Huib Plomp

Daan Koch Invloed Influent

Door middel van drie architectonische interventies, de polderpaviljoens, wordt de geschiedenis van de polders in de Noordwaard van de Biesbosch ervaarbaar gemaakt. Three architectural interventions, the polder pavilions, make perceptible the history of the polders of Noordwaard in the Biesbosch wetlands

De polders van de Noordwaard in de Biesbosch zullen in de zeer nabije toekomst ontpolderd worden teneinde ruimte aan de rivier te geven. De naderende ontpoldering van de Noordwaard wordt in dit project niet als een negatieve destructie van cultuurgrond gezien maar juist als een continuering van de bestaande cultuur om het landschap te vervormen. De geschiedenis van de Biesbosch laat zien dat polders komen en gaan en dat het landschap constant aangepast wordt aan onze behoeften van een bepaald moment. De invloed van de mens en de verhalen die schuilgaan achter de inpolderings- en ontpolderingsprocessen maken van dit kale landschap een fascinerende plek. De schoonheid van dit dynamische maakbare landschap die opgeslagen ligt in de sporen en indrukken van de oude dijkstructuren wordt in dit project ervaarbaar gemaakt door middel van drie architectonische interventies: de polderpaviljoens.

De paviljoens bieden ruimte aan een theehuis, een graansilo en verschillende kleine woningen voor tijdelijk verblijf. De bouwwerken snijden op specifieke punten in het landschap om zodoende de maakbaarheid van het land leesbaar te maken. Autonoom en specifiek voor iedere plek ontworpen vormen ze samen geen duidelijke serie, maar maken het wel mogelijk om de specifieke grensvlakken in het landschap te ontsluiten door middel van een wandeling of een boottochtje bij hoogwater. Delen van de paviljoens zijn altijd toegankelijk en maken het wandelaars en andere recreanten mogelijk de plekken te bezoeken. Door de voordurende transformatie van het landschap vormen de verschillende paviljoens bakens in tijd en ruimte. Een paviljoen dat het ene jaar nog in het midden van een agrarisch landschap staat zal het andere jaar midden in een overstromingsgebied staan. Zo vormen ze vaste punten in het dynamische landschap. Ze bieden de bezoekers en gebruikers van het gebied oriëntatiepunten in de enorme ruimte van de polder.

De wijze waarop de paviljoens gebouwd en verbonden zijn met het landschap weerspiegelt de wijze waarop dijken, sloten en andere mensgemaakte landschappelijke elementen blijvende indrukken achterlaten in de grond. Hecht verbonden met de polderbodem maken de polderpaviljoens, net als de waterstaatkundige structuren, diepe indrukken in de aarde en vervormen ze het landschap. De indrukken en textuurwijzigingen in de grond, het landschappelijke littekenweefsel dat bij iedere verandering van het landschap achterblijft, worden in dit project ingezet om de verhalen van het maakbare landschap ervaarbaar te maken.

The polders of Noordwaard in the Biesbosch wetlands are to be depoldered in the very near future to make more room for the river. In this project the imminent managed retreat of Noordwaard is regarded not as the wilful destruction of cultivated land but rather as continuing the existing culture of landscape deformation. The history of Biesbosch shows that polders come and go and that the landscape is constantly being adapted to our needs at any one time. The influence of people and the narratives lurking behind the processes of land reclamation and reinundation make this bare landscape a fascinating place. The beauty of this dynamic perfectible landscape, enshrined in the traces and impressions of the old dyke structures, is made perceptible in this project by three architectural interventions – the polder pavilions.

These pavilions accommodate a teahouse, a grain silo and sundry small dwellings for temporary residence. The buildings and structures slice into the landscape at designated places to render legible the perfectibility of the land. Sited discretely and designed specifically for each site, this is no consistent series, but they do allow the vertical planes in the landscape to be opened up by a walking route or a boat trip at high water. Parts of the pavilions are always accessible and enable ramblers and other leisure-seekers to visit the places in question. In the constantly changing landscape, the pavilions act as reference points in time and space. A pavilion standing in an agricultural landscape one year will be in the middle of an inundation zone the next. So they remain fixed points in the dynamic landscape, landmarks for the area's visitors and other users in the vast space of the polder.

The way these pavilions are built and connected to the landscape reflects the way dykes, drainage ditches and other man-made landscape elements leave permanent impressions in the land. Closely tied to the polder soil as they are, the polder pavilions like the hydraulic engineering structures leave deep impressions in the earth and deform the landscape. In this project the impressions and textural changes in the soil – the scar tissue left after every change made to the landscape – are deployed to make perceptible the narratives of the perfectible landscape.

——
Opleiding Place of education: TU Eindhoven
Studierichting Specialization: architectuur architecture
Mentoren Tutors: Jos Bosman, Hüsnü Yegenoglu, Jacob Voorthuis, John Lonsdale

Joost Kok

→48-49,94

Het Spektakel en de Stad <u>Spectacle and the City</u>

Nieuwbouw voor twee Rotterdamse filmtheaters, Lantaren/Venster en Cinerama in een gesloten bouwblok aan de Blaak in Rotterdam <u>New premises for two Rotterdam film theatres, Lantaren/Venster and Cinerama, in a perimeter block on Blaak boulevard in Rotterdam</u>

Een nieuw theater in het centrum van Rotterdam Twee Rotterdamse filmtheaters, Lantaren/Venster en Cinerama, hebben het plan opgevat om samen te gaan. De gemeente greep dit voornemen aan om hun streven de Kop van Zuid bij het stadshart te betrekken kracht bij te zetten. Ze wil een paar miljoen bijdragen aan de nieuwbouw *mits* deze plaatsvindt op de Wilhelminapier.

Als trouw bezoeker van beide theaters en als ontwerper vind ik dat dit de wereld op zijn kop is en dat er eerst gekeken moet worden naar de theaters zelf. Hoe zij werken, wat hun karakter is en wat hun plek is in het culturele netwerk van de stad. Pas daarna kan de beste locatie en vervolgens de verschijningsvorm worden bepaald.

In mijn afstudeerproject benader ik het theater als een ideale, rijk gelaagde publieke ruimte in de stad. Deze opstelling komt direct voort uit mijn kritiek op het stadshart van Rotterdam. Daar constateer ik een gebrek aan stadsinterieurs. De gebouwen lijken veelal onverschillig te staan tegenover de openbare ruimte van de stad.

Ik ben op zoek gegaan naar een locatie waar het filmtheater zich zowel kan verankeren in het culturele hart van de stad als het brandpunt kan vormen van het Interational Film Festival Rotterdam, IFFR. Waar zij bovendien de ruimtelijke beschutting geniet om met maximale theatraliteit uit te kunnen pakken. Tegenover het intieme, interieure karakter van het theater stel ik het weldadige panorama over de stad. Zoals we dat kennen van de Kreuzberg in Berlijn, of Hampstead Heath in Londen. Het stedelijke gesloten bouwblok blijkt de ideale setting te kunnen zijn voor onverwachte landschappelijkheid. Behalve de theaterbezoekers en stadsavonturiers kunnen ook de omwonenden daarvan profiteren.

In mijn plan worden de twee theaters samengebald tot één fantastische publieke huiskamer. Dat is namelijk wat Lantaren/Venster en Cinerama in de eerste plaats moeten zijn, een plek om uit te gaan in een informele, bijna intieme sfeer. De foyer is de spil waar alles om draait. Die ruimte stel ik dan ook centraal in mijn ontwerp. Daaromheen ontwikkelt zich de complexe machinerie van theater- en filmtechniek. Uiteraard spelen praktische eisen een grote rol. Overal waar mensen zich begeven, of het nu bezoekers of medewerkers zijn, gaat het evenzeer om de ervaring van die ruimte. Steeds heb ik getracht voor alle specifieke programmaonderdelen een theatrale of filmische setting te regisseren. Een terras als tribune naar de straat of een parkeergarage als duister raceparcours. Een filmzaal die zich als gegoten om de zichtlijn en het lichaam voegt en een jazzpodium tegen het decor van Rotterdams groeiende skyline. Een theater dat, in al zijn spektakel en met al zijn gebruikers, de vitaliteit van de stad viert.

A new theatre in the centre of Rotterdam Two Rotterdam film theatres, Lantaren/Venster and Cinerama, have voiced a proposal to join forces. The city council has seized on this to reinforce its plans to stitch the Kop van Zuid area south of the river to the city centre. It is prepared to contribute several million euros to the scheme, on the one co ndition that the new shared premises are sited on Wilhelminapier in Kop van Zuid.

As a regular visitor to both theatres and as a designer, I feel that this is putting the cart before the horse. The two theatres themselves need looking at first – how they work, what their character is and their place in Rotterdam's cultural network. Only then is it possible to decide on the best site, followed by the visual form the new premises should take.

My final-year project treats the theatre as an ideal, opulently layered public space in the city. This set-up springs directly from my criticism of Rotterdam's city core, where I see a lack of urban interiors. The buildings on the whole seem indifferent to the public space round about.

I set about finding a site where the film theatre could fix itself in the cultural heart of Rotterdam as well as become the focal point of Rotterdam's International Film Festival. A site, moreover, where its spatial context would place it in the most spectacular light. To counter the theatre's intimate interior quality I propose a salutary panoramic view across the city, familiar to us from the Kreuzberg in Berlin or Hampstead Heath in London. The urban perimeter block may prove the ideal setting for an unexpected expression of landscape. Those living round about could profit from this as much as the theatregoers and urban adventurers.

In my scheme the two theatres are gathered into a single fantastic public living room. This after all is what Lantaren/Venster and Cinerama should be before anything else, a place of after-hours entertainment with an informal, almost intimate atmosphere. The foyer is the hub around which everything revolves, hence its central position in my design. Around it the complex machinery of theatre and film technique unfolds. Of course practical considerations figure prominently in the design. Wherever its users go, whether these be visitors or staff, it all boils down to how they experience that particular space. I have sought to orchestrate a dramatic or filmic setting for each individual programme component, such as a terrace as a tier of seating facing the street, or a parking facility as a dimly lit racetrack. Or a screening room that seems to have been poured around the sight line and the main body, and a jazz attic set against the decor of Rotterdam's burgeoning skyline. A theatre, then, that in all its spectacle and with all its users, celebrates the vibrancy of the city.

———

Opleiding <u>Place of education</u>: AvB Rotterdam
Studierichting <u>Specialization</u>: architectuur <u>architecture</u>
Mentor <u>Tutor</u>: Thomas Dürner

John van Lierop

→50-51,94

Eindstation – Instituut voor Toekomstig Verlies
<u>Terminus – Institute of Future Loss</u>

Sterfhuis voor terminale gasten van alle leeftijden met een combinatie van verschillende functies waardoor een tijdelijke dynamische samenleving ontstaat <u>A home for terminal patients of all ages whose mix of functions sustains a temporary, dynamic community</u>

De Nederlandse sterfcultuur verandert. Mensen zoeken steeds vaker persoonlijke manieren om met de dood om te gaan. Tegelijkertijd is het moeilijk geworden om stervenden in eigen kring te verzorgen. De behoefte aan sterfhuizen wordt groter. 'Eindstation, het instituut voor toekomstig verlies' biedt in tegenstelling tot traditionele sterfhuizen plaats aan terminale gasten van alle leeftijden. Het combineert de functie van sterfhuis met onder meer een kunstcentrum en een opleidingsinstituut voor stervensbegeleiders. Door het bijeenbrengen van verschillende leeftijdsgroepen en functies ontstaat er een tijdelijke, dynamische samenleving. Daardoor blijven de gasten betrokken bij het sociale leven. Het gebouw biedt daarnaast overigens ook de mogelijk-

Death rituals in the Netherlands are changing. More and more often, people are looking for personal ways of dealing with death. At the same time, it has become difficult for people to take care of their dying relatives themselves. The cry for hospices for this purpose is getting louder. 'Terminus, institute of future loss' unlike its traditional counterparts is a place for terminal patients of all ages. It combines the duty of hospice with that of an art centre and a training institute for counselling the terminally ill. In combining different age groups and duties, Terminus is home to a temporary, dynamic community where the guests retain a social life. More than that, the building allows the process of dying to take the most private forms. A second premise for the

heid om het sterfproces op zeer private wijze vorm te geven. Naast deze wisselwerking tussen publiek en privé vormt de surrealistische overgang naar het onbekende hiernamaals het uitgangspunt voor het ontwerp.

Op het verlaten terrein van Psychiatrisch Ziekenhuis Sint Anna te Venray bevinden zich in een natuurlijke omgeving een groot aantal monumentale paviljoens en prachtige bomen. Hoge stuifduinen scheiden het terrein van de omliggende stad Venray. Hierdoor is het terrein zeer geschikt als locatie voor 'Eindstation'. De plek die sedert honderd jaar geldt als een microkosmos voor psychiatrische patiënten krijgt een nieuwe betekenis als uitvalsbasis voor de drukke stedeling en de hulpbehoevende mens. Haaks op het psychiatrisch gebouwensysteem 'wortelt' het nieuwe belevingsgebouw tussen de verschillende landschapstypen.

Boven het golvende maaiveld beleven de gasten vanuit hun private verblijf de levendige rust van het park. Tussen de poten van het gebouw bevinden zich trappen die de gastenverblijven met het landschap verbinden. De private kamers zijn naar believen samen te voegen door middel van een oneindige looproute die alle ruimten in het gebouw verbindt. Personeel, gasten en bezoekers hebben zo de mogelijkheid elkaar te ontmoeten. Voorts bieden funiculaires op traploze wijze toegang tot ondergrondse ruimtes waar genoten kan worden van een diner, een schoonheidskuur, een museumbezoek of een afscheidsfeest. Deze verholen ruimten maken zich op het maaiveld kenbaar door diepe uitsneden waarmee het gebouw zich tevens hecht aan het surrealistische landschap.

design, besides the exchange between public and private, is the surrealistic transition to an unknown hereafter.

In the deserted grounds of the former psychiatric hospital St Anna in Venray in the south-east of the country, a great many monumental pavilions and magnificent trees assemble in a natural setting. High shifting dunes separate the grounds from the surrounding town of Venray, making them eminently suitable as a site for Terminus. A microcosm for psychiatric patients for the past hundred years, this place now acts as a springboard for busy city dwellers and people in need of help. At odds with the prevailing system of psychiatric buildings, this new experiential one is rooted among different types of landscape. Above the undulating ground plane, guests soak in the vibrant tranquillity of the park from their private residences. Stairs between the feet of the building link the guest rooms to the landscape. If desired, the private rooms can be combined by means of an endless walking route threading together all the spaces in the building. This gives staff, guests and visitors the opportunity to meet. Further, there are vertical platform lifts to access the underground rooms where you can enjoy a meal, visit the beautician or the museum, or hold a farewell party. These hidden spaces are expressed at ground level by deep incisions that stitch the building to the surrealistic landscape.

———

Opleiding Place of education: AAS Tilburg
Studierichting Specialization: architectuur architecture
Mentor Tutor: Ady Steketee

Jan Maas <u>Urban Wrinkle</u>

→52–53,95

Plan voor een park in het centrum van de zuidas <u>A plan for a park in the centre of Amsterdam Zuidas</u>

Het plan voor een park in het centrum van de zuidas is geïnspireerd op het boek 'Op zoek naar nieuw publiek domein', van M. Hajer en A. Reijndorp uitgegeven in 2001 door NAi Uitgevers. Ik vind dat bij het ontwikkelen van nieuwe hoogstedelijke gebieden zoals de Zuidas het ieders ambitie zou moeten zijn deze onderdeel te maken van het 'publiek domein'. Volgens Hajer en Reijndorp is de kern van het begrip publiek domein een ruimte voor ontmoetingen tussen verschillende religies, cultuuropvattingen en gedrag. Een plek voor confrontatie en uitwisselingen tussen verschillende maatschappelijke groepen uit de samenleving. Dit vraagt niet alleen om ruimte voor consumptie en afwisselend gestapeld programma, maar ook om plekken waar de individuele burger zelf kan bepalen wie ze is, in de publieke ruimte.

Om gestalte te geven aan deze ambitie wordt het bestaande plan voor de Zuidas aangepast waardoor er ruimte gemaakt wordt voor een park op de kern van de Zuidas, op het Dok. Daardoor kan de openbare ruimte van de Zuidas een onderdeel worden van het publiek domein en krijgt de Zuidas betekenis voor de wereldburger. Het park bevindt zich op de best ontsloten plek van Nederland. Het wordt de plek waar Amsterdam de wereld ontvangt en ontmoet. Letterlijk door het HSL-station en de nabijheid van Schiphol én omdat het direct is gelegen aan de stadsradialen van Amsterdam. Daarmee schaart het nieuwe 'Zuiderpark', zich in een illuster rijtje. Want ook het Vondelpark, het Sarphatipark, het Oosterpark en het Westerpark hebben hun succes mede te danken aan de positie aan de radialen.

Het maaiveld van het Zuiderpark wordt over het volume van het benodigde stationsgerelateerde programma geplooid. Het park ligt dus bovenop een HSL-, metro- en busstation en bovendien op een grote parkeergarage. Het plooien en welven van het maaiveld introduceert het klassieke middel van de illusie in het hedendaags parkontwerp. Niet alleen de illusie van landschap maar juist die van park. Het park blijkt een gebouw met een uitdagend, poëtisch en landschappelijk maaiveld. Hoe dramatischer het reliëf, des te ruimtelijker de ondergelegen stationsvertrekken.

Het parkprogramma is gevat in een grillige diagonale structuur als tegenhanger op de omliggende zakelijke hightech architectuur. Het park wordt verrijkt door verschillende belevenissen waaronder de sensationele bloei van honderden verschillende magnolia's als lentefeest voor iedere stedeling. Specifieke groepen als bejaarden, skaters, veldlopers, jongeren, stadsecologen en peuters 'krijgen' een object dat ze kunnen innemen. Respectievelijk een 178 meter lange bank waarop je kunt zitten én grinden, een verzwaard jogparcours met hangbrug en 589 traptreden, een kale 'rots' die lekker warm is om te hangen, vleermuizengrotten, zeldzame micromilieus en een zandbak.

Het ontwerp voegt zich in de traditie en de ruimtelijkheid van de landschaps-

This plan for a park in the centre of Amsterdam Zuidas, the 'southern axis' development corridor, is inspired by Maarten Hajer and Arnold Reijndorp's book 'In search of new public domain' (NAi Publishers, 2001). I feel that in developing new metropolitan areas like Zuidas the ambition of everyone concerned must be to make these part of the 'public domain'. According to Hajer and Reijndorp, the core of this public domain is a space of encounter between religions, cultural backgrounds and behaviour, a place for confrontation and exchange between difference groups in the community. This requires not just space for consumption and a variety of stacked programmes but also places where individual citizens can determine their own identity in public space.

To put this ambition into practice, the existing plan for Amsterdam Zuidas was modified to make room for a park in the so-called Dock Zone at the heart of Zuidas. This way, the public space of Zuidas can become part of the public domain, investing Zuidas with meaning for the world citizen. The park will occupy the most accessed place in the Netherlands, where Amsterdam receives and meets the world – literally so, because of the high-speed train (HSL) station and with Schiphol close by, and because it lies directly along Amsterdam's radial roads. This places the new 'Zuiderpark' in illustrious company. After all, Vondelpark, Sarphatipark, Oosterpark and Westerpark owe much of their success to their position on the radial routes.

The ground plane of Zuiderpark is draped across the volume of the required station-related programme. In other words, the park sits atop stations for the HSL, metro and buses as well as a large parking facility. The folds and curves of the ground plane introduce the time-honoured medium of illusion into contemporary park design. Not just landscape illusion but explicitly park illusion. The park proves to be a building with an audacious, poetic and scenic ground plane. And the more dramatic the relief, the more generous the station spaces below.

The park programme is held in a fanciful diagonal structure to counter the surrounding corporate high-tech architecture. Zuiderpark is to be enriched by such happenings as the sensational flowering of hundreds of magnolias as a spring fiesta for the entire city. Specific groups such as the elderly, skaters, joggers, young people, urban ecologists and toddlers have an object on offer that they can appropriate. These are, respectively, a 178-metre-long bench where you can either sit or (if a skater) grind, an arduous jogging circuit with a suspended bridge and 589 steps, a bare 'rock' that makes a nice warm hangout spot, bat caves, rare microhabitats and a sandpit.

The design allies itself with the tradition and great sense of space of the landscape style and illusory qualities of the Parc des Buttes Chaumont. It focuses attention on spatial perception, manipulating the horizon and expanding and

stijl en het illusionaire van Buttes Chaumont. De aandacht is gevestigd op ruimtelijke beleving, manipulatie van de horizon, ruimte vergroting en vernauwing. Het beoogt intensivering van perspectieven, ontmoetingen en belevenissen. De behoefte aan een stadspark blijft actueel en vraagt om innovatie en lef. Dit afstudeerwerk neemt dan ook stelling in het herpositioneren van het (stads)parkontwerp.

contracting space. It seeks an intensifying of perspectives, encounters and experiences. The need for an urban park is as relevant as ever and calls for innovation and guts. This final-year project, therefore, is a proposal to reposition urban park design.

___

Opleiding Place of education: AvB Amsterdam
Studierichting Specialization: landschapsarchitectuur landscape architecture
Mentoren Tutors: Bram Breedveld, Ton Schaap, Michael van Gessel

Marko Matic Les Archives de la Planète

→54–55,95

Archiefgebouw aan de rand van Parijs voor de fotocollectie van Albert Kahn met beelden van het alledaagse leven over de hele wereld An archive building on the edge of Paris to house Albert Kahn's collection of photographs of everyday life all over the world

Aan de rand van Parijs, in Boulogne Billancourt, ligt een klein museum geheel gewijd aan het gedachtegoed van Albert Kahn. Hij was in het dagelijks leven bankier en zou al lang zijn vergeten als hij zijn vergaarde rijkdom niet had ingezet voor het unieke project 'Les Archives de la planète'. Kahn wilde het alledaagse leven over de hele wereld in beeld vangen. Hij stuurde tussen 1912 en 1932 een tiental fotografen en filmers de wereld rond. Met de vergaarde beelden wilde Kahn mensen inzicht geven in andere culturen en zo verdraagzaamheid te creëren. Het totale archief bestaat uit ongeveer 72.000 autogrammen, 4.000 stereografieën en ruim 200 uur aan filmmateriaal. Van zijn studiereizen nam Kahn allerlei planten mee die hij in zijn enorme tuin een plekje gaf. Hier in deze tuin nodigde hij invloedrijke personen uit en toonde ze zijn verzameling. Velen werden er geportretteerd. De verborgen tuin die er nu nog exact zo bij ligt als tijdens de jaren dat Kahn er woonde versterkt het utopische karakter van de plek.

Het archief is na Kahn's overlijden in 1940, naar het 'Centre National de la Cinematographie' gegaan. Omdat archief en tuin onlosmakelijk met elkaar en met Kahn's geschiedenis verbonden zijn wil ik het archief terug halen naar deze plek. Het ontworpen gebouw zal dienst doen als thuisbasis voor het archief. Hier wordt het beeldmateriaal beschermd, gedigitaliseerd, gedupliceerd en vanuit dit punt de wereld in gestuurd. Daarnaast maak ik ook ruimte voor kleine tentoonstellingen, studiemogelijkheden en een filmzaal.

Voornamelijk om de tuin niet aan te tasten wordt de thuisbasis gesitueerd op de plek van het huidige museum. Kahn's tuin grenst hier bijna direct aan de straat. Het nieuwe gebouw moet een muur gaan vormen tussen de tuin en de stad en tevens toegang bieden. Hiermee waren de uitgangspunten voor mijn ontwerp bepaald, het gebouw zou een archief, een muur en een poort moeten zijn.

Het gebouw bestaat uit 14 betonnen dragers die samen de ruggengraat van het ontwerp vormen. Ze houden het gebouw overeind, zorgen voor het transport van leidingen en werken als warmtebuffers. Klimaatbeheersing speelt een grote rol om het archief optimaal te beschermen. Om het hele gebouw is een klimaatgevel geplaatst van geëtste glazen lamellen die open en dicht kunnen. De poorten staan twee meter uit elkaar om zo licht binnen te krijgen en het archief een openbaar karakter te geven. Het beton is bewerkt met een speciale techniek zodat door schaduwval een afbeelding zichtbaar wordt. Door het geëtste glas zijn alleen de contouren ervan zichtbaar, als schaduwen van het verleden.

Een grote trapeziumvormige snede in de structuur vormt de entreepoort tot de tuin. Het valse perspectief benadrukt de overgang van realiteit naar utopie. Om in het gebouw te komen moet je altijd eerst door de poort en de tuin. Het gebouw telt vier lagen. De archieven zitten op de bovenste laag. Daaronder de studieruimten, het auditorium, de kantoren, de mediatheek, winkel, restaurant en expositieruimte. Tussen de betonnen dagers ontstaan vides die over alle verdiepingen gaan. Vanuit hier dringt het licht het gebouw binnen.

Tijdens de zoektocht die begonnen is bij een onderzoek naar de invloed van beeld op de samenleving en de architectuur, ben ik Albert Kahn tegengekomen. Ik ben meteen gefascineerd geraakt door zijn optimisme en zijn ideeën over beeld en hoe het beeld de wereld kan veranderen. Na mijn verschillende bezoeken aan de tuin en na me verder verdiept te hebben in zijn leven is het gebouw niet alleen een archief maar in zekere zin ook een monument voor Kahn geworden.

On the edge of Paris, in Boulogne Billancourt, is a small museum dedicated to the body of ideas of Albert Kahn. A banker by profession, he would have been long forgotten had he not channelled his vast fortune into a unique project, 'Les Archives de la planète'. It was Kahn's wish to capture in photographs everyday life among peoples all over the world. Between 1912 and 1932 he had a team of photographers travelling the globe. With the images they collected Kahn wished to give people an insight into other cultures and so create peace and understanding. The archive consists of some 72,000 autochromes, 4000 stereographs and more than 200 hours of film footage. On his own travels Kahn collected a wealth of flora which he replanted in his vast garden. He used to invite influential people of the day to view his collection, many of whom were photographed there. The secluded garden, which is exactly the same as it was when Kahn was alive, reinforces the Utopian character of that place.

After Khan's death in 1940, the archive was moved to the Centre National de la Cinematographie. As archive and garden are indelibly linked with each other and with Kahn's history, my project seeks to return the archive to its original site. The designed building is to do duty as a home base for the archive. Here Khan's collection of images will be protected, digitized, duplicated and sent out into the world. I have also made room in it for small exhibitions, opportunities for study and a screening room.

In the project the home base is sited at the place of the current museum, principally so as not to make inroads on the garden. Kahn's garden almost abuts the street at this point. The new building is to present a wall between garden and city as well as being the entrance. These, then, defined the stepping-off points for my design: the building was to be an archive, a wall and a gateway. The building consists of 14 concrete supports which together constitute the backbone of the design. They hold the building in place, contain service ducts and act as heat buffers. Climate control figures prominently in the design so as to give the archive maximum protection. A climate-modifying skin of etched glass slats which can be opened and closed envelops the entire building. The gateways are two metres apart to let in daylight and give the archive a public character. The concrete is specially treated so that the play of shadow has a visual effect on it. The etched glass only leaves the contours visible, like shades from the past.

A large trapezium-shaped cut in the structure is the way in to the garden, the false perspective stressing the transition from reality to Utopia. You have to pass through the gateway and the garden to enter the building. This has four levels, with the archives occupying the fourth. Below it are the study areas, offices, auditorium, multimedia library, shop, restaurant and exhibition area. Wells created between the concrete supports extend up all four levels and deliver daylight into the building.

It was during the quest which began with a study into the influence of image on society and architecture, that I came across Albert Kahn. I was immediately drawn to his optimism and his ideas about using images to change the world. After visiting the garden on several occasions and then acquainting myself better with his life, this building has become not just an archive but, in a sense, a monument to the man himself.

___

Opleiding Place of education: AvB Arnhem
Studierichting Specialization: architectuur architecture
Mentoren Tutors: Marc Maurer, Wim Korvinus, Ralph Brodrück, Annemariken Hilberink

Erik Moederscheim

→56–57,95

In de huid van Breuer: Under Breuer's Skin:

Herbestemming tot museum voor moderne kunst van de Amerikaanse ambassade te Den Haag US Embassy in The Hague gets a new use as a museum of modern art

Dit afstudeerontwerp voor de herbestemming van de voormalige Amerikaanse ambassade in Den Haag start met een cultuurfilosofisch en theoretisch onderzoek. De aanleiding van het onderzoek is het veranderde klimaat waarbinnen het gebouw sinds de aanslagen van 11 september verkeert. Met het gebouw als startpunt richt het onderzoek zich verder op de wijze waarop actuele en maatschappelijke kwesties doordringen in creatieve kringen. Hieruit blijkt dat de architect zijn engagement op een andere wijze gestalte moet geven dan voorheen. Na de periode van de vroegmodernen met hun onbekommerde, grootse toekomstidealen is het tijd voor een meer autonome rol van de ontwerper. Aan de hand van het boek 'De wereld zonder ons' van Alan Weisman wordt de ontwerpopgave benaderd via een materiële en kleinschalige manier van denken. Dit werk roept beelden van leegte en stilte op binnen een verlaten, achtergelaten stad.

Vanuit deze invalshoek wordt een ontwerpconcept ontwikkeld voor de voormalige ambassade van Bauhaus architect Marcel Breuer in Den Haag. Het gebouw komt onder de druk van terreurdreiging spoedig leeg te staan. Het gebouw in het hart van het centrum van Den haag krijgt binnen de ontwerpopgave een nieuwe functie. Het publiek dat zolang buiten de deuren is gehouden fungeert min of meer als de nieuwe binnendringer die Weisman in zijn boek beschrijft. In combinatie met de beelden van stilte, leegte en ruimte, wordt de opgave voor een museum voor moderne kunst geformuleerd. Deze functie overstijgt de huidige status van de ambassade waaraan de associatie van terreur en internationale politiek kleeft.

Het ontwerpend onderzoek leidt tot een concept waarbij enkel de gevels van het bestaande gebouw gehandhaafd blijven en waarin de nieuwe vorm zich daadwerkelijk binnendringt. In de huid van Breuer wordt een geschakeld ensemble van vierkante expositieruimten gecreëerd. In een intensieve dialoog met de constructieve en bouwtechnische aspecten die bij het ontwerp komen kijken is het concept uitgewerkt. Dankzij een innovatieve materiaaltoepassing van EPS schuim in een sandwichconstructie met glasvezelversterkte polyester kan het ontwerp in haar puurheid worden uitgevoerd. De ruimte tussen nieuw en oud wordt een massieve restvorm van EPS schuim. Dit lichte materiaal kan zonder veel zware constructieve toepassingen geplaatst worden binnen de bestaande structuur van het gebouw zonder aanpassing van de bestaande fundering. De sandwichconstructie houdt zowel de nieuwe implementatie als de bestaande gevels overeind en isoleert bovendien het geheel.

Den Haag krijgt hiermee een gebouw terug met een mysterieus hart. Ogenschijnlijk is Breuers ambassadegebouw onaangetast, bij betreding opent zich echter een geheel nieuwe structuur met een eigen sfeer. Leegte, ruimte en licht op een plek die bol stond van de internationale spanningen.

This final-year project to redesignate the former American Embassy in The Hague began with a cultural-philosophical and theoretical study. This was prompted by the changed climate in which the building has found itself since the events of September 11th, 2001. Proceeding from the building itself, the study goes on to look at how prevailing public issues find their way into creative circles. From this it transpires that architects need to rethink how they give concrete form to their sense of commitment. After the period of the early Moderns with their unfettered, ambitious future ideals it is time for the designer to adopt a more autonomous role. Influenced by Alan Weisman's book 'The World Without Us', the design brief is approached through a material, small-scale thinking. This book evokes images of emptiness and silence in a deserted, abandoned city.

This line of enquiry led to a design concept for Bauhaus architect Marcel Breuer's former embassy building in The Hague. The threat of terrorist attacks means that the present premises will soon be abandoned for new ones. This project gives a new use to this building in the very heart of The Hague city centre. The public, kept out of it for so long, takes on a role analogous to that of the new intruder Weisman describes in his book. Combined with the images of silence, emptiness and space, the brief became that for a museum of modern art. This new duty transcends the embassy's current status, imbued as it is with associations with terrorism and international politics.

Out of the research by design came a concept that retains some frontage from the existing building and where the new form literally forces its way in. An interconnected ensemble of square exhibition spaces has been created 'under Breuer's skin'. The concept was worked up in an intensive dialogue with the structural and engineering issues raised by the design. Thanks to a pioneering use of EPS foam in a composite structure with glass-fibre reinforced polyester, the design can be realized in a pure form. The space between old and new is to be a solid residual form in EPS foam. This lightweight material can be placed inside the existing structure of the building without the need to adapt the foundations or make major structural changes. The composite construction keeps both new implementation and old facades in place, as well as insulating the building as a whole.

Under Breuer's Skin returns to The Hague a building with a mysterious heart. If Breuer's embassy seems uncompromised at first, an entirely new structure with its own ambience unfolds on entering the building. Emptiness, space and light occupy a place once awash with international tensions.

———

Opleiding Place of education: TU Eindhoven
Studierichting Specialization: architectuur architecture
Mentoren Tutors: Gijs Wallis de Vries, Maarten Willems, Jacob Voorthuis

Minke Mulder,
Claire Oude Aarninkhof

→58–59,96

Croproad Park

Ontwerponderzoek naar de implementatie van urban agriculture in de postindustriële stad A landscape-architectural study into implementing urban agriculture in the post-industrial city

Croproad Park is een ontwerponderzoek naar de implementatie van urban agriculture[1] in de postindustriële stad.

De helft van de wereldbevolking leeft in steden. Door de voortschrijdende urbanisatie en de industrialisatie van de landbouw, transformeert het platteland van een productie- naar een consumptielandschap. Steden zijn voor hun voedselvoorziening afhankelijk van import, energie en transport. Binnen het globale netwerk hebben consumenten geen voeling met de productie van voedsel, milieukwesties en natuurlijke processen. Het toevoegen van *urban agriculture* aan het openbaar groen kan in die situatie verbetering brengen. Daarmee wordt een bijdrage geleverd aan de betekenisvolle complexiteit van het stedelijk weefsel. Bovendien vragen de voorspelde klimaatveranderingen aanpassingen waar de groenvoorziening in de stad in kan voorzien.
Ons plangebied bestaat uit de zone A9 in Amsterdam Zuidoost, die de Bijlmer

Croproad Park is an landscape-architectural study into implementing urban agriculture[2] in the post-industrial city.

Half the world's population lives in cities. What with urbanization at full tilt and agriculture being industrialized, the countryside is transforming from a production to a consumption landscape. Cities depend on import, energy and transportation for the provision of food. Within the global network, consumers have no sense of the production of food, environmental issues and natural processes. Adding urban agriculture to public green space can improve this situation and contribute to the meaningful complexity of the urban fabric. Not just that, the predicted climate change requires modifications that green spaces in the city are able to provide.
Our planning area takes in the A9 motorway zone in Amsterdam-Zuidoost separating Bijlmermeer and Gaasperdam. The planned tunnel increases traf-

en Gaasperdam van elkaar scheidt. De geplande tunnel vergroot de verkeerscapaciteit, creëert nieuwe groene ruimte op het dak en biedt mogelijkheden voor nieuwe stedelijke ontwikkelingen.

Het ontwerp betreft een stedelijk landschap waar voedsel geproduceerd kan worden en dat tegelijkertijd fungeert als recreatiegebied. Door de zichtbaarheid van de groente- en fruitteelt, en het betrekken van de omwonenden, functioneert het nieuwe productiepark zowel op het niveau van de wijk als van de stad. Goede verbindingen zijn essentieel om de oogst vanuit het park te distribueren, om aantrekkelijke recreatieve routes te realiseren en om gezonde ecologische condities te scheppen.

Het project omvat een voorstel voor een raamwerk met een gesloten kringloop voor de biologische *urban agriculture*. De ingrepen waarborgen de totstandkoming van een aangenaam microklimaat. Het plan voorziet verder in woningbouw waarmee de omliggende wijken verbeterd worden. Alle buurten hebben profijt van het nieuwe park waarin dynamiek en natuurlijk ritme een belangrijke rol spelen. De landschappelijke processen fungeren als tegenwicht voor de snelle stedelijke processen en dragen in sterke mate bij aan de totstandkoming van een hoogwaardige leefomgeving.

[1] urban agriculture: groente- en fruitteelt binnen de stad, gebruikmakend van stedelijke hulpbronnen en afzetmarkt, in directe synergie dan wel concurrentie met stedelijk groen en activiteiten

fic capacity, creates new green space on its roof and encourages new urban developments.

The design is for an urban landscape where food can be produced and that doubles as a recreation area. By gives such prominence to fruit and vegetable cultivation and involving the local inhabitants, the new production park will work as well for the neighbourhood as for the city. Good physical connections are essential for distributing the harvest, providing attractive recreational routes and creating healthy ecological conditions.

The project proposes a framework containing a closed cycle for organic urban agriculture. The interventions are to ensure that a pleasant microclimate emerges. Other features of the plan include housing that is to bring improvement to the surrounding residential areas. All neighbourhoods stand to profit from the new park, informed as it is by dynamics and a natural rhythm. The steady processes of landscape act as a counterweight to the rapid processes of urbanization and contribute much to establishing a high-grade residential climate.

[2] urban agriculture: cultivating fruit and vegetables in a town or village, exploiting its resources and market in direct synergy and/or competition with urban green space and activities

—

Opleiding Place of education: Wageningen Universiteit
Studierichting Specialization: landschapsarchitectuur landscape architecture
Mentor Tutor: Ingrid Duchhart

Simone Pizzagalli
→60–63,96

Spaces, Poetics and Voids

Een gevangenis, ontworpen op een braakliggend terrein tussen de City en East-End in Londen, vormt een betekenisvolle pauze in een chaotische wereld en is een interpretatie van de formele taal van de metropool Designed for a vacant lot between the City and the East End in London, the prison is a meaningful pause in a chaotic world and an interpretation of the formal language of the metropolis

Lege ruimten in de stad, de voids, bieden ruimte aan de verbeelding van de beschouwer en kunnen door iedereen anders geïnterpreteerd worden. Dit is vergelijkbaar met het lezen van een tekst waarbij de verbeelding van de lezer de ruimte die de tekst biedt benut en daarmee het geschrevene verrijkt.

Bij mijn analyse van het fascinerende gebied tussen de City en East-End in Londen ontdekte ik dat het proces van het benoemen van ruimten en elementen een nieuwe manier was om ze tot leven te wekken en tastbaar te maken. Het onderzoeksgebied rond de Oostelijke spoorlijn kent een rijke historie en heeft een surrealistisch karakter met haar gefragmenteerde, chaotische structuur.

Vanuit een braakliggend stuk in de stad, een plaats van leegte, eenzaamheid en gedwongen onthechting van de wereld ontwikkelde zich een gevangenis. Een regelmatige, obsessieve, gesloten structuur die tegelijkertijd ook open, licht en transparant is. De geordende compositie van elementen en functies is als een aantekening gegenereerd vanuit diversiteit. Verschillende functionele elementen en ruimten zijn vervlochten binnen een repeterende structuur. Deze is tegelijk stevig genoeg om een ambigue tussenruimte, een binnen zonder buiten, te vormen als aanwezig en oneindig ver van ons af te zijn. Een gevangenis is een stil en kritisch element in de stad. Een betekenisvolle pauze in een chaotische wereld. De gevangenis is een interpretatie van de formele taal van de metropool, een plaats waar leven en verhalen ontvouwd en gereconstrueerd worden tot iets nieuws en iets anders.

Empty areas in the city, its voids, offer scope to the imagination of observers who can interpret them in their own way. This is comparable to reading a text where the reader's imagination is activated by the space opened up by the text, in turn enriching what is on the page.

In my analysis of the fascinating area between the City and the East End in London I discovered that the process of naming spaces and elements was a new way of making them living and tangible. The research area round the East London Railway Line is full of history whose fragmented, chaotic structure gives it a sense of the surreal.

On a vacant lot in this area – a place of emptiness, loneliness and forced detachment – the idea of a prison took shape. A regular, obsessive, enclosed structure that is at the same time open, light and transparent; an ordered composition of elements and functions generated from diversity, as in a text. It interweaves a set of functional elements and spaces in a repetitive structure strong enough to be an ambiguous in-between space, an inside without outside, as much present as infinitely far away. A prison is a silent and critical element in the city, a meaningful pause in a chaotic world. The prison is an interpretation of the formal language of the metropolis, a place where lives and stories are unfolded and reconstructed into something different and new.

—

Opleiding Place of education: TU Delft
Studierichting Specialization: architectuur architecture
Mentor Tutor: Marc Schoonderbeek

Lisette Plouvier

Het openbare zwembad Public swimming centre

Diverse soorten zwemmers kunnen gelijktijdig terecht in verschillende baden van het zwembad in het IJ midden in Amsterdam A rich mix of pool users can make simultaneous use of the dedicated pools of this swimming centre deep inside Amsterdam in the IJ inlet

In een openbaar zwembad is iedereen welkom: mensen die baantjes zwemmen, kinderen met zwemles, vrij zwemmers, maar ook 60+ zwemmers, fitnesszwemmers of naaktzwemmers. Al deze verschillende gebruikers zijn echter moeilijk samen te brengen gezien het feit dat hun badculturen niet met elkaar overeenkomen. Daarnaast zijn de huidige openbare zwembaden meer functionele schema's dan openbare iconen zoals de badhuizen bij de Romeinen waren.

Dit openbaar zwembad geeft weer karákter aan het baden en geeft gelijktijdig ruimte aan al de verschillende zwemmers.

Dit door mij ontworpen zwembad ligt midden in Amsterdam in het IJ op de locatie van de Sixhaven, momenteel privé terrein. Door de plaatsing van het openbare zwembad wordt deze plek met zijn uitzicht terug gegeven aan de stad, haar bewoners en haar bezoekers. Het zwembad ligt alzijdig georiënteerd als een solitair vierkant blok in het IJ. De vierkante vorm voegt zich in de stedelijke blokstructuur zonder zelf in zijn vorm richting te geven.

Door de ligging van het zwembad in het water moet de bezoeker om het zwembad binnen te gaan via de brug het land verlaten. Dit herinnert aan de zwembaden uit 1900 in de grote steden die in het water lagen en die men via een steiger betrad; zo kende Amsterdam baden in het IJ en in de Amstel.

De bezoeker komt door de plaatsing van het zwembad in het water geleidelijk in een andere wereld, de stad achter zich latend. Toch zwemt hij als het ware midden in de stad.

In dit openbare zwembad kunnen de diverse soorten zwemmers gelijktijdig terecht in verschillende baden waardoor een badrooster overbodig is. Het is belangrijk om de verschillende doelgroepen de mogelijkheid te geven om een eigen plek te vinden waar ze zich kunnen terugtrekken. Mensen hebben ruimte nodig, zeker wanneer ze schaars gekleed zijn. Via een goede routing en gebruik makend van eigen kleedkamers transformeren de gebruikers van bezoekers naar zwemmers op weg naar hun eigen bad. Zo ontstaat er een natuurlijke intermenselijke afstand waardoor men zich prettig voelt terwijl men toch met meer mensen in een bad vertoeft. De verschillende baden in dit zwembad staan in relatie tot elkaar. Die relatie is de ene keer visueel of fysiek en geeft de ander keer alleen een gevoel van de aanwezigheid van de ander. Hierdoor krijgt de bezoeker de mogelijkheid om in een ongedwongen sfeer andere bezoekers te ontmoeten.

Water is het belangrijkste ingrediënt van een zwembad, het geeft mensen het gevoel van vrijheid, is altijd waterpas en kan stromend het hardste gesteente geleidelijk uithollen. Een zwemmer ervaart zijn lichaam anders in het water, het lijkt bijna gewichtloos en omdat hij schaars gekleed is, is er een gevoel van kwetsbaarheid. Mijn bedoeling met het ontwerp van dit zwembad is dat de zwemmer zich ontspannen voelt door de ruimte die hij ervaart. De ruimte moet aansluiten aan het naakte lichaam en ontstaan vanuit het water.

Dit zwembad is als gebouw een monoliet blok waarin een open badruimte met publieke baden is uitgehold. Ook verschillende intieme ruimten, zoals kleedkamers en privacybad, bevinden zich binnen in de massa. De open badruimte wordt gedefinieerd door de glooiing van het plafond, de kolommen en door het water dat van bad naar bad stroomt. Hierdoor ontstaan verschillende plekken met een verschillende mate van intimiteit waar de bezoeker kan baden en kan rusten. Daarbij staat de bezoeker tegelijkertijd altijd in contact met de stad.

Everyone is welcome in public swimming centres: lane swimmers, children taking swimming lessons, leisure swimmers as well as the over-60s, fitness swimmers, even nude swimmers. But it is no easy matter bringing together this array of pool users, as they fail to overlap. Not just that, today's swimming baths are more functional blueprints than public icons, such as bathhouses were to the Romans.

The public swimming centre I have designed gives bathing back its character and makes space for all the different types of swimmers simultaneously.

It is sited in the middle of Amsterdam in the IJ inlet at Sixhaven, a harbour basin at present privately owned. By locating the baths here, this place with its views, inhabitants and visitors is given back to the city. The centre faces out to all sides as an isolated cube in the waters of the IJ, its square form slipping into the fabric of city blocks without imposing on it.

Since the centre stands in the water, visitors have to cross a bridge from the mainland to access it. This recalls the swimming areas in the waters of major cities roundabout 1900 that were entered from a scaffold; Amsterdam had its own in the IJ and in the river Amstel.

This position in the water means that the swimmer is gradually drawn into another world, leaving the city behind yet still swimming in its midst.

Different categories of swimmers can use these baths simultaneously, obviating the need for a timetable. It is important to give the different target groups the chance to find a place of their own that they can withdraw to. People need space, particularly when scantily clad. Through effective routeing and individual changing rooms the centre's users are transformed from visitors to swimmers en route for their pool. This creates a natural interpersonal distance congenial to those concerned while still sharing a pool with others. The various pools in this centre are related, visually or physically one moment and merely giving a sense of the presence of the other pools the next. This gives visitors the opportunity to meet in a relaxed atmosphere.

Water is the key ingredient of a swimming pool; it gives a sense of freedom, it is always level and, when flowing, it can wear down the hardest stone. People experience their bodies differently in a swimming pool; these seem almost weightless due to the lack of clothing, and vulnerable. The intention behind the design is that swimmers should feel relaxed through the space they perceive and experience. This space has to accommodate itself to the unclothed body, and be a product of the water.

As a building, the swimming centre is a monolithic block with an open swimming area with public baths hewn from it. Its intimate spaces – changing rooms, private pool and the like – are located inside the mass. The open pool area is defined by the smooth curve of the ceiling, the columns and the water which flows from pool to pool. This set-up generates places with differing degrees of intimacy where visitors can bathe and take a break, while being in constant contact with the city.

Opleiding Place of education: AvB Amsterdam
Studierichting Specialization: architectuur architecture
Mentoren Tutors: Moriko Kira, Jan Richard Kikkert, Gilian Schrofer

Rolf Reichardt

Mercea Merwede

Multidisciplinaire polikiniek waar de patientgerichte zorg plaatsvindt in een actieve gezondheidssfeer die uitnodig tot zelfstandige beweging van de gebruiker A multi-disciplinary outpatients' clinic providing a more patient-targeted health care in an active environment, encouraging patients to be more independent

Het ontwerp voor een centrum voor gezondheid speelt in op de groeiende vraag naar zorg en gaat uit van de clustering van de zorg rondom de behoefte van de patiënt. De zorg waarbij de patiënt een centrale rol krijgt vraagt een

This design for a health centre takes account of the growing demand for health care, in a form that clusters it round the patient's needs. Putting the patient at the centre calls for a fundamental rethink of the health care landscape. The

fundamentele herziening van het zorglandschap. Vooral voor de snel groter wordende groep mensen in de 'derde levensfase' is behoefte aan een nieuwe opzet, ook al omdat mensen in deze leeftijdscategorie van 50 tot 75 jaar in toenemende mate kampen met ouderdomsverschijnselen die zich veelal uiten in meerdere, gecombineerde aandoeningen.

Door specialismen te combineren binnen een multidisciplinaire polikliniek is het mogelijk om specifieke patiëntgerichte zorg te bieden en te voorzien in een grotere zelfstandigheid van de patiënt. Daarnaast is bekeken welke activiteiten een goede aanvulling zijn op het poliklinisch programma en in hoeverre daaraan commerciële functies gekoppeld kunnen worden om een bredere maatschappelijke relevantie te bereiken. Het ontwikkelde scenario bevat een compleet gezondheidstraject van preventie tot revalidatie. Er zijn voorzieningen op het vlak van kennisverstrekking, beweging en welzijn.

Er is een omgeving ontworpen waarin de gebruiker niet in de 'passieve ziekenhuissfeer' verkeert maar beweegt in een 'actieve gezondheidssfeer' die uitnodigt tot zelfstandige beweging en onderneming. De sleutel voor het plan is een organiserend principe dat verschillende routes ensceneert langs graduele overgangen van publieke gezondheids- en welzijnsruimten naar afgeschermde ruimten voor behandeling. De patiënt wordt niet vanuit de behandelkamer direct in de openbare ruimte geplaatst maar gedurende zijn of haar 'loop' verleid tot andere gezondheidsactiviteiten.

De routes door het gebouw zijn georganiseerd aan de hand van de mate van open- en beslotenheid. Aan de ene zijde zijn er de vertrouwelijke ruimten van het poliklinische programma en aan de andere zijde de publieke ruimten zoals het kenniscentrum, de winkels en het restaurant. Daartussen liggen ruimten voor beweging en welzijn. Medische behandelruimten en commerciële ruimten zijn op gepaste afstand geplaatst en ruimten voor beweging en welzijn worden ingezet als verbindende component.

Door middel van vouwen, insnijden, weven en omslaan worden ruimten ingedeeld en onder verschillende hoeken en hoogten programmatisch verweven. In dit landschap lopen de vloerpeilen lichtjes op en verdicht de openbare ruimte geleidelijk naarmate het gebruik meer besloten raakt.

Twee lange betonnen basementen, fietsenberging en parkeerdek, steken even boven het maaiveld uit zodat het daglicht langs de zijden naar binnen valt. Los boven het maaiveld rust een frame van stalen spanten op de basementen. De constructie is een voortzetting van het conceptuele vertrekpunt van vouwen, insnijden, weven en omslaan en manifesteert zich als een ruimtescheidende hybride structuur van vloeren, wanden, trappen en daken. Lopend door het gebouw verschuift het aanzicht van de schijven van smal naar breed waarmee het zicht zich opent en verdicht. Daar waar ruimten niet aan de gevel liggen verschuiven de platen van het dak zodat het daglicht langs beide zijden van de binnenwanden naar binnen strijkt. Glazen wanden in verlopende groentinten en gradaties van transparantie lopen op met de gradatie van de privacy. De mate van transparantie neemt daarbij af tot het alleen nog maar kunnen waarnemen van bewegende schimmen in de operatiekamers.

rapidly swelling group of 50 to 75 year olds in particular could do with a new approach to health care, not least as this age group is increasingly having to face symptoms of old age, often expressed in multiple disorders.

This project seeks a more patient-targeted health care and greater patient independence by combining specialisms in a multidisciplinary outpatients' department. It also assesses which activities can best supplement the outpatient programme and to what extent these can have a commercial aspect so as to make them more relevant for the community as a whole. The scenario as developed unfurls a complete health care package from prevention to revalidation, with facilities relating to exercise, welfare and the dissemination of knowledge.

The design constructs for patients and staff an environment of active health care, one that invites them to be independent and more enterprising, instead of a passive hospital situation. The key to the scheme is an organizing principle that stages different routes along gradual transitions from public health and welfare spaces to screened-off treatment rooms. Instead of moving directly from treatment room to public space, patients follow a route that leads them past other health care activities they may be induced to take part in.

The routes through the building are organized in terms of exposure and enclosure. On the one hand, there are the familiar spaces of the outpatient programme and on the other, public spaces that include the knowledge centre, shops and a restaurant. In-between these are spaces for exercise and welfare. Rooms for medical treatment and commercial spaces are placed at a respectable distance, with the exercise and welfare rooms gluing it all together.

Spaces are structured and programmatically interlocked at various angles and heights by a strategy of folding, incising, meshing and reversing. In this landscape, floor levels are gently raked and the public space gradually compacts the more private its use becomes.

Two long concrete basements, one for cycle storage, the other a car parking deck, protrude slightly above the ground plane so that daylight enters along the sides. A frame of steel trusses, unconnected to the ground plane, rests on the basements. The frame is a follow-through of the conceptual departurepoint of folding, incising, meshing and reversing and is expressed as a spacedefining hybrid structure of floors, walls, stairs and roofs. Moving through the building, the slabs' appearance shifts gradually from narrow to wide so that the views through widen and compact. In the rooms not lying along the facades, the roof panels slide back so that daylight washes in along both sides of the inner walls. Glass partitions have graduated green tints that become more intense as the privacy beyond them increases. Their degree of opacity intensifies accordingly, from clear glass to so dense for the operating theatres that only moving silhouettes can be observed from outside.

___

Opleiding Place of education: AvB Rotterdam
Studierichting Specialization: architectuur architecture
Mentoren Tutors: Remco Bruggink, Cor Wagenaar, Noor Mens, Ludo Gooteman, Eric Wendel, Klaas van der Molen

Raven Rumes
→68–69,97

Almere, een schone stad voor 350.000 inwoners
Almere, a fair city for 350,000

Een nieuwe stadsplattegrond voor Almere, opgebouwd aan de hand van de begrippen helderheid, spanning en dynamiek A new urban ground plan for Almere, assembled using the concepts of clarity, tension and dynamics

Ruimte en tijd, de peilers van het stedenbouwkundige denken, bepaalden het ontwerp van een nieuwe stadsplattegrond voor Almere. De plattegrond verzoent zich met het bestaande Almere en laat Almere vervolgens doorgroeien tot een volwassen en vooral een 'schone' stad voor 350.000 mensen in 2030. De plattegrond wordt opgebouwd aan de hand van de begrippen helderheid, spanning en dynamiek. Helderheid staat daarbij tegenover vaagheid en chaos en vormt het sleutelbegrip in de landschappelijke drager van de stadsplattegrond. De structuur van het landschap vormt een ruimtelijk raamwerk dat bestaat uit de ondergrond, het reliëf, het water en het groen. Dit raamwerk is gebaseerd op het aanwezige landschapsarchitectonische schema van de polder en vormt een duurzame basis voor de stadsplattegrond.

Door middel van het begrip spanning wordt de kwaliteit uitgedrukt van het prikkelen van de verbeelding. Spanning heeft daarbij voornamelijk betrek-

Space and time, the yardsticks of urbanistic thinking, had a determining influence on the design for a new urban ground plan for Almere. The ground plan makes its peace with the existing Almere, allowing it to grow into a mature, 'fair' city with a population of 350,000 by 2030. The plan has been assembled using the concepts of clarity, tension and dynamic.

Clarity here is a foil to fuzziness and chaos and is the key concept in the landscape structure underlying the urban ground plan. This structure is a spatial framework consisting of the landscape underlay, the relief, water and green space. The framework derives from the received landscape-architectural schematic of the polder and makes an enduring basis for the urban ground plan.

Tension is taken to express the quality needed to stimulate the imagination. In that respect it relates most to the trade-off between city and countryside. The network of public spaces, the infrastructure and the buildings and structures are charged with tension.

king op de wisselwerking tussen stad en land. Met name het netwerk van openbare ruimten, de infrastructuur en de opstallen wordt opgeladen met spanning.
Met dynamiek wordt de suggestie van beweging uitgedrukt. De stadsplattegrond vormt een statische tekening van een dynamisch systeem, het stedelijke leven. De dynamiek geeft blijk van het veranderende karakter van de stadsplattegrond. De stad is niet klaar na het opstellen van de plattegrond, maar de bij horende plattegrond schept wel de voorwaarden voor invulling en uitwerking.
Aan de klassieke opbouw van de stadsplattegrond wordt één extra laag toegevoegd: een duurzame infrastructuur. Daar waar men elektriciteit verbruikt en het milieu belast, wordt energie opgewekt en worden afvalstoffen verwerkt. Het is de uitdaging om een neutrale stadsplattegrond op te stellen met een gesloten ecosysteem.
Zo wordt al tekenend in ruimte en tijd het verhaal van de toekomstige stadsplattegrond voor Almere verteld.

Dynamic is used to express the suggestion of movement. The urban ground plan is a static drawing of a dynamic system, namely urban life. The dynamics are illustrative of the changing character of the ground plan. It is not so that the city is ready once the ground plan is in place, but the plan does create the conditions for fleshing it out and working it up.
One additional layer has been added to the time-honoured composition of the urban ground plan: a sustainable infrastructure. Energy is generated and waste processed wherever electricity is consumed and the environment put under strain. The challenge is to compile a neutral urban ground plan with a closed ecosystem.
And so the story of the future urban ground plan for Almere unfolds as drawing proceeds in space and time.

Opleiding Place of education: AAS Tilburg
Studierichting Specialization: stedebouw urban design
Mentor Tutor: Paul van Beek

Berta Sanz Peña

→70–71,97

Healing by Design

Revitalisatie van de rivier Manzanares volgens een ecologische benadering
An ecological landscape approach to revitalize the Manzanares river

Stedelijke riviersystemen zijn veelal ontaard. Een voorbeeld hiervan is de rivier de Manzanares die zijn weg baant door het hart van de stad Madrid. Een technische benadering, waarbij de riviersystemen beheerd worden als hulpbron voor waterkundig gebruik, zoals de aanvoer van zoet water, overstromingsregulering en de afvoer van afvalwater, leidde tot het verlies van de ecologische gezondheid van de rivieren.
De Manzanares begint en eindigt in twee verschillende, zeer rijke natuurgebieden, het regionale park *Cuenca Alta del Manzanares* bovenstrooms en het regionale park *Sureste* benedenstrooms. Daartussen stroomt de rivier als een ongelukkig incident door de stad. De stedelijke druk en meer specifiek de naastliggende M30 snelweg ring, hebben de rivier gemarginaliseerd tot een betonnen kanaal waarmee haar natuurlijke integriteit en ecologische gezondheid zwaar beschadigd zijn.
In 2005 werd het *M30 project* in uitvoering genomen met als doel de ringweg M30 beter te integreren in de stad door deze deels ondergronds te plaatsen. Het zes kilometer lange snelwegtracé langs de rivier was het meest strategische deel van het project. Direct langs het stadscentrum is door de ondergrondse heraanleg van de weg het bovengrondse deel teruggeven aan de rivier en de bewoners.
Dit afstudeerproject beoogt met behulp van ontwerp een substantiële bijdrage te leveren aan de kwaliteit van de rivier en de stad op grotere schaal door op strategische wijze in te spelen op de in gang gezette ontwikkelingen. Daarmee geeft dit project inhoud aan het begrip 'healing by design'.
Het nieuwe scenario, met een ondergrondse M30 snelweg, geeft een overvloed aan kansen om de conditie van de locatie duurzaam te verbeteren, het verloren ecosysteem weer aan het centrum van de stad te verbinden en om een gezonde en aantrekkelijke omgeving te creëren. De analyse, planning en het ontwerpvoorstel van dit project zijn gebaseerd op een metafoor die een parallel trekt tussen de gezondheid van de rivier en de mens. De genezing van de rivier wordt aangepakt zoals een dokter een patiënt geneest.
Verscheidene ernstige 'aandoeningen' die de verschillende 'organen' van de rivier hebben aangetast zijn gediagnosticeerd en vervolgens behandeld volgens het *(hu)Manzanares river healing* plan. Als basis voor dit plan is de Ecologische Netwerk methode (Alterra, 2003) toegepast om de ecologische fragmentatie die veroorzaakt is door stadsuitbreiding, te analyseren. Hieruit werd het voorstel ontwikkeld voor een ecologische corridor langs de rivierzijdes die zowel geïsoleerde delen van het ecosysteem kan verbinden, de biodiversiteit verbeteren alsook de ruggengraat zal vormen van een groenblauw netwerk dat de metropool doorstroomt.
Het ontwerp zelf is geïnspireerd op de functionaliteit van de menselijke organen en intelligente vormen van cellulaire menselijke weefsels. Twee voorbeelden zijn het 'neurale systeem' en de 'spijsverterings flora' die aangeven op welke wijze gezondheid en welbevinden kunnen terugkeren langs het *(hu) Manzanares* rivier park.

Urban river systems are often unhealthy. Managed as a resource for human benefit – for the supply of fresh water, for flood mitigation and the disposal of wastewater – rivers suffer from this technological approach and become ecologically degraded.
Take the Manzanares river which runs through the heart of Madrid. It starts and ends in two different and very rich natural protected areas, *Cuenca Alta del Manzanares* regional park upstream and *Sureste* regional park downstream. Between them, the river flows through the city as an unfortunate turn of events. The urban pressure and, more specifically, the M30 inner ring road running close to the Manzanares, have marginalized the river as a concrete-sheathed canal, severely damaging its natural integrity and ecological well-being in the process.
The *M30 project* began in 2005, its aim being to better integrate the inner ring road in the city by relocating part of it underground. Its most strategic zone is the six-kilometre-long stretch parallel to the river. Skirting the city centre, its new location underground has returned the freed area above ground to the river and to the inhabitants of Madrid.
This final-year project seeks to show how design can contribute substantially to the quality of both river and city at the macro scale by responding strategically to developments set in train. In so doing, it lends substance to the idea of 'healing by design'.
The new scenario with an underground M30 brings an abundance of opportunities to restore and maintain the condition of the site, returning the lost ecosystem to the city centre and generating a healthy and attractive environment. In this sense, the analysis, planning and design proposal are rooted in a metaphor that draws a parallel between the river's well-being and human health. It tackles the healing of the river the way a doctor cures a patient.
Several serious 'disorders' affecting different 'organs' of the river have been diagnosed and then treated using the *(hu)Manzanares river healing* plan. This project takes as its blueprint the Ecological Network method (Alterra, 2003) to analyse the ecological fragmentation brought on by the expanding city. From this grew the proposal for an ecological corridor along the riversides that can stitch together isolated parts of the ecosystem, improve the biodiversity and become the spine of a blue-green network flowing through the metropolis.
The design itself is inspired by the performance of human organs and intelligent forms of cellular human tissue. Neuronal System and Digestive Flora are two examples that show how health and well-being can be recovered along the *(hu)Manzanares* river park.

Opleiding Place of education: Wageningen Universiteit
Studierichting Specialization: landschapsarchitectuur landscape architecture
Mentoren Tutors: Jusuck Koh, Sven Stremke

Hein Smedts

→72-73,97

An Urban Montage, crossing familiar strangers

In de zone tussen het spoor en de A2 wordt de kwaliteit van 'onbestemde zone' in Maastricht geïntroduceerd The quality of 'undefined space' is introduced to Maastricht in the zone between the railway and the A2

De A2 loopt net als de Maas en het treinspoor als een parallelle tijdlijn dwars door Maastricht. De zone tussen het spoor en de A2 is geïsoleerd geraakt van het stedelijk weefsel van de stad. Het gebied heeft de potentie om de stadsdelen ten oosten en westen van deze lijnen weer aan elkaar te koppelen. Dit afstudeerplan grijpt de kans om de kwaliteit van 'onbestemde ruimte' in Maastricht te introduceren. Waar Maastricht hard bezig is alle oneffenheden in de stad dicht te smeren, is het stedelijk weefsel van Luik continu in beweging. In Luik vervallen bouwwerken en staan ze leeg. Dit proces kan soms enkele tientallen jaren duren en zorgt in die tijd voor verschillende levensvatbare situaties. De onbestemde ruimte biedt de mogelijkheid voor het individu om zich terug te trekken, toeschouwer te zijn, een eigen werkelijkheid te scheppen in het openbaar domein.

Echter, de onbestemde ruimte kan niet op zichzelf bestaan. In een maatschappij waarin het streven naar perfecte oplossingen is uitvergroot, is geen plek voor de bijwerkingen. Ze worden daarom ontkend en liefst zover mogelijk uit de stad verbannen. De hoek, de blinde gevel, de doorgang, het karkas en de nis zijn ruimtelijke kenmerken van dergelijke plekken en worden in de A2-zone ingezet als vormgevend element. Ze bevragen de onbestemde ruimte en dagen het stedelijk leven uit.

De beleving van de bewoners en de passerende automobilisten vormen het uitgangspunt om de schaalniveaus van beide groepen met elkaar te verweven. Binnen het openbaar vlak wordt een nieuw stedelijk klimaat geïntroduceerd. De leegte staat centraal in het plan. Leegte als stilte, leegte als middel om stedelijkheid te benadrukken, leegte als kwetsbaarheid en tenslotte leegte als ruimte die de bezoeker de kans biedt tot interpretatie. Door middel van de sequentie, de ritmiek en opeenvolging van verschillende ruimten kan men de architectonische kwaliteit van de omgeving ervaren. De gelaagdheid, reflectie en transparantie vormen en versterken de beleving van de nieuwe stedelijke ruimten. De statische stad en het dynamische landschap komen samen in de ingeklemde zone tussen het spoor en de A2 en zorgen voor een stedelijke zone die gekoppeld is aan de leegte.

'Het is bekend dat een voorwerp dat bij het eerste bezoek niet bewust is opgemerkt, door zijn afwezigheid bij de volgende bezoeken een ondefinieerbare indruk achterlaat.'
Ivan Chtcheglov, Een model voor een nieuwe stedenbouw, 1953

The A2 motorway, like the river Maas and the railway, slices through Maastricht as a parallel timeline. The zone between the railway and the A2 has become isolated from the urban fabric of Maastricht. The area has the potential to reunite the parts of the city east and west of these lines. This final-year project seizes the opportunity to introduce to Maastricht the quality of 'undefined space'. If Maastricht is in the throes of ironing out irregularities in the city, the urban fabric of Liège is in a state of flux. In that Belgian city, buildings lapse into disrepair and remain vacant. This process can sometimes take tens of years, giving rise during that time to any number of viable situations. The undefined space makes it possible for individuals to withdraw and become spectators, creating their own version of reality in the public domain.

This undefined space cannot exist unaided, however. In a society that puts striving after perfect solutions first, there is no place for side effects. These are denied and preferably banished as far from the city as possible. Corners, blank walls, passages, recesses and shells are spatial hallmarks of such places and are deployed in the A2 zone as modelling elements, questioning the undefined space and challenging urban life.

How inhabitants and passing motorists perceive the A2 zone is taken as the stepping-off point for getting the scales of these two groups to mesh. This introduces a new urban climate into the public plane. At the project's core is the void – as silence, as a means of emphasizing cityness, as vulnerability and, lastly, as space that gives visitors the opportunity to interpret it. The architectural quality of the surroundings can be experienced through the sequence, rhythm and succession of spaces. Layering, reflection and transparency shape and strengthen our perception of the new urban spaces. Static city and dynamic landscape converge in the zone wedged between the railway and the A2 to create an urban zone hitched to the void.

'We know that an object that is not consciously noticed at the time of a first visit can, by its absence during subsequent visits, provoke an indefinable impression.'
Ivan Chtcheglov, Formulary for a New Urbanism (Formulaire pour un urbanisme nouveau, 1953)

———

Opleiding Place of education: AvB Maastricht
Studierichting Specialization: architectuur architecture
Mentoren Tutors: Maarten Terryn, Wim Cuyvers, Wim Korvinus

Dawid Strebicki

→74-75,98

School in Amsterdam School in Amsterdam

Middelbare school aan het IJ-plein in Amsterdam noord A secondary school on IJ-plein in Amsterdam-Noord

Tekst. Tekst als verhaal. Project als dialoog. Gebouw als gesprek tussen programma en context.

De opdracht bestond uit het ontwerpen van een middelbare school in Amsterdam-Noord. Het ontwerpproces werd een intensieve zoektocht naar antwoorden en een presentatie van twijfels. De gekozen locatie ligt in het midden van een woonwijk, het IJ-plein, op een plaats waar twee verschillend georiënteerde huizenblokken elkaar ontmoeten en gescheiden worden door een leeg groen tapijt. De twee verschillende patronen en richtingen bepaalden in hoge mate het idee voor de vorm en schaal van de stedelijke volumes in het nieuwe ontwerp. De lay-out van het ontwerp bestaat uit vele vier verdiepingen hoge kubussen met klaslokalen van verschillende afmetingen. Deze zijn op het maaiveld verbonden door een 'plint' met gemeenschappelijke voorzieningen. De opgetilde buitenpleinen en smalle straatjes ertussen worden gekenmerkt door de gedraaide posities van de kubussen. Bruggen verbinden de volumes op de derde en vierde verdieping. Deze opzet garandeert een grote vrijheid in gebruik en interpretatie.

Text. Text as narrative. Project as dialogue. Building as conversation between programme and context.

The brief was to design a secondary school in Amsterdam-Noord. The design process became an intensive search for answers and a presentation of doubts. The chosen site is in the middle of a residential area, IJ-plein, at a place where two different orientations of housing blocks converge, separated by an empty green carpet. The two contrasting patterns and directions did much to define the idea for the form and scale of the urban volumes in the new design. The layout is one of many four-storey cubes of variously sized classrooms. These cubes are linked at ground level by a 'plinth' of communal facilities. The twisted positions of the cubes shape the elevated outdoor squares and narrow streets between them. Bridges connect the volumes at the third and fourth floors. The layout as a whole guarantees great freedom in use and interpretation.

Text. Text as image. Building as composition of images. Images as part of memory. Memory as imagination. Memory as interpretation.

Tekst. Tekst als beeld. Gebouw als compositie van beelden. Beelden als deel van herinnering. Herinnering als verbeelding. Herinnering als interpretatie. Het overwegen van de grens tussen gebouw en exterieur. Bomen als een deken voor de school. Bomen als een deken voor de omliggende huizen (1). Het vormen van volumes, het opsplitsen van volumes, het introduceren van volumes, het zoeken naar de dialoog tussen volumes (2,3). Fysieke noodzaak, terugkoppelen, tot de essentie terugbrengen, interieurs met elkaar in verband brengen (4,5). Ruimte vasthouden, betekenis geven, schoolpleinen vormen (6). Interieur, scheiden, verbinden, tegelijk scheiden en verbinden (7,8). Evenwicht zoeken, momenten van isolatie, het exterieur vergeten, de hemel aanwezig, bewoner, alleen in een ruimte met anderen (9). Vragen over de façade, vragen, waar te herhalen, welk ritme, welke schaal, welke uitzondering, waar geef je toe (10,11).
(de cijfers tussen haakjes verwijzen naar de inspiratiebeelden op de pagina's met de planpresentatie)

Considering the border between building and exterior. Trees as a blanket for the school. Trees as a blanket for the surrounding houses (1). Forming volumes, splitting volumes, adding volumes, searching for the dialogue between volumes (2,3). Physical necessity, reverse navigation, reducing to the essence, relating interiors (4,5). Retaining space, giving meaning, shaping school playgrounds (6). Interior, separating, connecting, simultaneously separating and connecting (7,8). Seeking a balance, moments of isolation, forgetting the exterior, the sky in evidence, occupant, alone in a space with others (9). Questions about the façade, questions, where to repeat, what rhythm, what scale, what exception, what to concede (10,11).
The figures in brackets refer to the inspirational images in the presentation

Opleiding Place of education: TU Delft
Studierichting Specialization: architectuur architecture
Mentoren Tutors: Mechtild Stuhlmacher, Ronald Janssen, Tony Fretton, Sjap Holst, Jan De Vylder, Mark Pimlott

Derk van der Velden

→76–79,98

De Resonator The Resonator

Een 42 km lange dam versterkt door middel van resonantie het getij in de Waddenzee waardoor het ondanks de stijging van de zeespiegel mogelijk blijft om water uit het IJsselmeer op het Wad te lozen A 42-km-long dam strengthens the tides in the Wadden Sea by means of wave resonance so that water from IJsselmeer can continue to be discharged into the Wadden Sea despite the rising sea level

Versterkt getij als antwoord op de stijgende zeespiegel. De Resonator is een 42 kilometer lange dam ten zuiden van de Afsluitdijk. Ze vergroot de lengte van het getijbekken in de Westelijke Waddenzee waardoor getijgolven en reflecterende getijgolven elkaar versterken. Dit wordt resonantie genoemd. De versterking van het getij in de Waddenzee zorgt ervoor dat laagwater hier lager wordt. Daardoor blijft het ondanks de zeespiegelstijging mogelijk om de komende honderd jaar water uit het IJsselmeer in de Waddenzee te lozen.
De Resonator is geïnspireerd op het eerste plan dat Lely maakte voor de Afsluitdijk. In dit plan zou de Afsluitdijk een stuk zuidelijker komen te liggen. Een commissie onder leiding van Nobelprijswinnaar Lorentz berekende dat bij deze oplossing als gevolg van resonantie het getij tot drie keer zo sterk kon worden waardoor tijdens de aanleg van de Afsluitdijk problemen zouden kunnen ontstaan. Mede daarom werd besloten om het plan van Lely aan te passen en de Afsluitdijk noordelijker aan te leggen, waardoor het getij 'slechts' twee keer zo sterk werd. De Resonator versterkt het getij ongeveer in dezelfde mate als Lorentz berekende voor de zuidelijke variant van de Afsluitdijk. Daarom zijn extra hoge dijken nodig om het hogere hoogwater te keren. Het IJsselmeerwater wordt gespuid via een spuisluizencomplex in de Resonatordam en de bestaande spuisluizen in de Afsluitdijk. De getijstroom stroomt de Resonator in en uit door een 6 kilometer breed gat in de Afsluitdijk met daaroverheen een brug die hoog genoeg is om er schepen onderdoor te laten varen.
Binnen de Resonator ontstaat een dynamisch brakwater ecosysteem doordat zoet en zout water hier samenkomen. Verlegde waterstromen zullen hier nieuwe geulen en droogvallende platen doen ontstaan.
Tussen de Friese kust en de Resonator ontstaat een luw 'Friese Randmeer'. Dit gebied vergroot de watersportmogelijkheden van Friesland doordat recreatievaart met kleine boten hier mogelijk wordt.
De Resonatordam is een gevarieerd waterkerend landschap dat wordt vormgegeven door natuurlijke processen, waarin ruimte is voor recreatie. Opgespoten zand en baggerslib uit het IJssel- en Markermeer vormt de basis voor drie landschapstypen die vernoemd zijn naar ondieptes in de voormalige Zuiderzee. De Wieringer Vlaak is een brak kwelderlandschap dat zich ontwikkelt onder invloed van getijdendynamiek. De Kreilerbaai is een binnenmeer tegenover Stavoren dat is omgeven door eilanden. Hier is plaats voor campings, jachthavens en zomerhuisjes in een uitgestrekt duinlandschap. 'De Steenplaat archipel' is een uitgestrekt eilandenrijk van ondieptes, rietmoeras en moerasbos tegenover Makkum waar vogels in alle rust kunnen broeden.
De Afsluitdijk blijft zijn bijzondere karakter behouden. Nieuwe functies zijn hier niet gewenst. Binnen de aanhechting van de Resonator is het niet nodig om de Afsluitdijk te verhogen. De weg over de Afsluitdijk wordt wel verhoogd omdat de getijden aan weerszijden van de Afsluitdijk vrij spel krij-

Strengthened tides as the answer to rising seas. The Resonator is a 42-kilometre-long dam south of the Afsluitdijk, the dyke between the sea and IJsselmeer. It lengthens the tidal basins in the Western Wadden Sea, so that original waves and reflected waves reinforce each other. This is known as wave resonance. This strengthening of the tides in the Wadden Sea makes the low water here lower. It means that despite the rising sea level it will be possible to discharge water from IJsselmeer into the Wadden Sea for the next hundred years.
The Resonator is inspired by the first plan Cornelis Lely drew up for the Afsluitdijk. This would have placed the Afsluitdijk much further to the south. A committee led by Nobel Prize winner Hendrik Lorentz calculated that due to wave resonance the tide here could become three times as strong, which might cause problems during the construction of the Afsluitdijk. For this and other reasons Lely's plan was modified and the dyke placed more to the north where it would 'only' double the tidal strength. The Resonator reinforces the tide to roughly the same extent as calculated by Lorentz for the southern version of the Afsluitdijk. Much taller dykes are therefore required to cope with the high water levels. The IJsselmeer water is discharged via a sluice complex in the Resonator dam and the existing discharge sluices in the Afsluitdijk. The tidal current flows in and out of the Resonator through a six-kilometre-long gap in the Afsluitdijk oversailed by a bridge (Lelybrug) high enough for ships to pass underneath.
Between Resonator and Afsluitdijk is a dynamic brackish water ecosystem, as this is where freshwater and salt water converge. Here, redirected currents carve new channels and ebb-tidal shoals.
A calm freshwater lake, Friese Randmeer, occupies the space between the coast of Friesland and the Resonator. This area, which can be used for pleasure boating in small craft, increases Friesland's potential for water sports.
The Resonator dam is a varied flood defence landscape shaped by natural processes and with space for recreation. Sand fills and and dredging sludge from the IJsselmeer and Markermeer lakes lay the basis for three landscape types named after shallows in the former Zuiderzee inlet. Wieringer Vlaak is a brackish landscape of salt marshes generated by tidal dynamics. Kreilerbaai is an inland lake surrounded by islands opposite the coastal town of Stavoren. Here there is room for camp sites, yacht harbours and holiday chalets in an expansive dune landscape. Steenplaat Archipel is an extensive island pattern of shallows, reed marshes and marshy woodland opposite the village of Makkum; a place where birds can breed in peace and quiet.
The Afsluitdijk retains its unique character in these new circumstances. New duties to perform are not in its interest. Nor is there any need to heighten the Afsluitdijk within the accretion of the Resonator. Just the road is made higher as the tides to either side of the dyke have been given free play. Travellers on the motorway can look out over the crest of the dyke to the Wadden Sea and experience the great expanse round about.

gen. Hierdoor wordt het voor automobilisten mogelijk om vanaf de snelweg over de kruin van de dijk heen de Waddenzee te zien en de weidsheid te ervaren.
Het fietspad dat nu ligt ingeklemd tussen de kruin van de Afsluitdijk en de snelweg wordt verplaatst naar de zuidkant van de Afsluitdijk. Fietsers hebben dan minder last van het langsrazende verkeer en kijken uit over het landschap van water en zandbanken in de Resonator.

The cycleway once squeezed between the crest of the Afsluitdijk and the motorway is moved to the south side of the dyke. Cyclists are now less inconvenienced by the onslaught of traffic and have a view of the landscape of water and sandbanks in the Resonator.

___

Opleiding Place of education: AvB Amsterdam
Studierichting Specialization: landschapsarchitectuur landscape architecture
Mentoren Tutors: Rob van Leeuwen, Berdie Olthof, Arjan Karssen

Tim Vermeend
→80–81,98

A New Breed of Building

Zonder de bestaande identiteit geweld aan te doen wordt de gelaagdheid van de wijk Aldgate in Londen vergroot door de toevoeging van een deels ondergronds gesitueerd bouwvolume A partly underground block that increases the layering in the Aldgate area of London without adversely affecting the received identity

Het plan voegt een extra laag toe aan een bouwblok in de wijk Aldgate in Londen zonder de bestaande identiteit geweld aan te doen. De bedoeling is om de gelaagdheid van de wijk te vergroten. Het onderzoek naar de geschiedenis van Aldgate leverde een aantal stedelijke typologieën op die bruikbaar toegepast konden worden in het ontwerp. Daarnaast bleek dat er veel ruimte verdicht kan worden in het gebied. De historie van het gebied leverde op haar beurt aanknopingspunten op voor de te hanteren bouwstijl. In het verleden lieten de verschillende bewoners hun aanwezigheid achter in de bouwstijl, van Joods tot Christelijk. De bestaande structuur wordt intact gelaten. Zonder ook maar een enkel functionerend gebouw aan te raken wordt een oppervlak van 40.000 m² toegevoegd. De gebouwde omgeving heeft een hoge kwaliteit en licht en lucht spelen een belangrijke rol in het ontwerp. Op alle schaalniveaus zijn de extremen van de stad voelbaar. Een bouwblok is verdeeld in twee extreem verschillende werelden. Beide zijn tot in het kleinste detail ontworpen. Van een vredige woonomgeving tot een bazaar met een ingang van de ondergrondse. Op de bodem van dit gat in het blok bevindt zich een stedelijk zwembad met een grote uitgaansgelegenheid. Alles in één blok en dat zonder inbreuk te maken op de bestaande identiteit.
Now you can smell, hear, see, feel, touch Aldgate bangle town London!

The scheme adds a new layer to a city block in the Aldgate area of London without adversely affecting the received identity. The aim is to increase the layering in the area. Historical research revealed urban typologies that could make themselves useful in the design. There also proved to be plenty of space in the area that could be compacted. The area's history in turn gave points of contact for the building style to be used. In the past the local inhabitants left their mark on the style of building, from Jewish to Christian. The design leaves the existing structure intact, adding a surface area of 40,000 m² without touching a single building in use. The built environment is of a high quality, and so light and air are key design factors. The extremes of the city are tangible at all scales of the design. A city block is split into two utterly different worlds, both designed down to the smallest detail, from a tranquil residential setting to a bazaar with an entrance to below-floors. At the bottom of this hole in the block is an urban swimming pool and a large entertainment facility. Everything designed in a single block – and all without harming the existing identity.
Now you can smell, hear, see and touch Aldgate bangle town, London!

___

Opleiding Place of education: TU Delft
Studierichting Specialization: architectuur architecture
Mentoren Tutors: Arjan van Timmeren, Jaap Dawson

Ke Zou
→82–83,99

Transportation Hub

De hub is geprojecteerd op station Rotterdam Centraal en reageert op fysieke bewegingen en fluctuaties in de informatiestroom Projected onto Rotterdam Central Station, the hub reacts to physical movements and fluctuations in the flow of information

De hub bevindt zich ter plaatse van Rotterdam Centraal Station. Ik probeer daar met de hub een omgevingsvertaler te realiseren die de taal van de stad aan de reiziger openbaart. De ontworpen structuur bevindt zich op een ander bewustzijnsniveau, het is een reactie op fysieke bewegingen en fluctuaties in de informatiestroom. Het ontwerp bestaat uit twee delen. De hoofdstructuur is geprojecteerd op het station Rotterdam Centraal. Een array van reactoren geeft dynamische informatie door de bewegingen en sporen van personen samen te vatten en te communiceren in de ruimtelijke omgeving. Het patroon op elke vloer is een visuele weergave van het onzichtbare stedelijke netwerk.
In combinatie met het station creëert de hub een vrije ruimte met verschillende mogelijkheden. De ruimte wordt gegenereerd op basis van real-time interactie met verschillende andere plaatsen. De input van het systeem wordt geleverd door de beweging van mensen. Daarmee probeer ik duidelijk te maken dat in onze stedelijke ruimte zich niet alleen fysieke lichamen of elektronische signalen verplaatsen, maar dat er daarnaast nog een ander communicatieniveau tussen structuren en stedelijke leegten bestaat dat voortkomt uit het natuurlijke gedrag van mensen.

Sited at Rotterdam Central Station, this hub is intended as a tool for rendering the language of the city intelligible to travellers. The designed structure operates at another level of consciousness, and is a reaction to physical movements and fluctuations in the flow of information. The design consists of two parts. The principal structure is projected onto Rotterdam Central Station. Here an array of reactors provides dynamic information by summarizing the movements and tracks of people and communicating them in the physical environment. The pattern on each floor is a visual representation of the invisible urban network.
The hub, together with the station, creates a free space with a range of possibilities. The space is generated through real-time interaction with other places, with the movement of people feeding the system. This project is an attempt to show clearly that it is not only physical bodies or electronic signals that move about our urban space; that there is another level of communication between structures and urban voids that issues from the natural behaviour of people.

___

Opleiding Place of education: TU Delft
Studierichting Specialization: architectuur architecture
Mentoren Tutors: Nimish Biloria, Henriette Bier, Guus Westgeest, Sang Lee

Jeroen Zuidgeest

→84–85,99

Give me back my freedom!

Ontwerp voor het Easy kantoor, door een radicale vereenvoudiging en optimalisering van het standaard kantoor ontstaat een hoogwaardige werkomgeving met veel individuele vrijheid A design for an Easy office, whose radical simplification and optimization of the standard office generates a high-quality work environment with a large measure of individual freedom

Give me back my freedom! is een reactie op onze geïnterieuriseerde, geconditioneerde, kunstmatige en karakterloze omgeving. Dit ontwerpend onderzoek start met een manifest. Mijn observatie van de status quo van onze omgeving en het effect op ons als gebruikers. Want zijn onze omgeving, onze gebouwen en producten die we dagelijks gebruiken wel zo normaal en is de vormgeving hiervan wel de 'juiste'? Het stelt een radicale vereenvoudiging voor volgens een Easy architectuur tot een ongecompliceerde omgeving, gebaseerd op eenvoudige principes. Gebruik makend van aanwezige en potentiële kwaliteiten en met als doel de gebruikskwaliteit en individuele vrijheid te maximaliseren. Enjoy your freedom!

De opgave is een eerste uitwerking van het manifest. Het gekozen programma van een kantoor is exemplarisch voor de generalisatie, kunstmatigheid en interieurisatie van onze omgeving en is het symbool van het kapitalistische model. Waar dagelijks miljoenen mensen hun tijd doorbrengen, maar wat bijna altijd een gevoel van treurigheid oplevert. Het plan bestaat uit een prototype volgens een Easy architectuur voor een kantoor voor een grote bank met de marktconforme eisen die daar bij horen.

In het onderzoek poog ik te conceptualiseren wat de daadwerkelijke gevolgen, maar vooral ook de potenties zijn, van de cultuur van het kapitalisme. Inzet daarbij is de maximalisatie van de gebruikskwaliteit van de werkomgeving. Kan het kantoor zich ontwikkelen van een 'dead box' tot een sympathiekere, gezondere omgeving?

Het onderzoek is een de deconstructie van de typologie waarmee de crises van het standaard kantoor aan het licht zijn gekomen: het 'gesealde' interieur met een zeer discutabele kwaliteit van de werkomgeving en de toren als paradigma voor het kantoor, wat de oorzaak is van het ontbreken van stedelijke kwaliteit in elke kantooromgeving en de noodzaak van het 'sealen' van het interieur. Gebleken is dat er voldoende argumenten zijn die de bestaansredenen en hiermee de noodzaak voor het handhaven van de kantoortoren als standaard ontkrachten. Met de daarbij opgedane kennis is het Easy kantoor ontwikkeld. Het volume is geoptimaliseerd onder meer voor wat betreft de zonoriëntatie, de daglichttoetreding en de interactie met de omgeving. Op gebouwniveau heeft een radicale vereenvoudiging en optimalisatie van het standaardkantoor plaatsgevonden. De werkkwaliteit is gemaximaliseerd, met als resultaat een gezonde, natuurlijk gereguleerde werkomgeving met veel kwaliteit en individuele vrijheid. Daarbij ontwikkeld het een basis voor een efficiënte bedrijfsvoering; door middel van optimale communicatie en flexibiliteit kan ingespeeld worden op onvoorziene toekomstige bedrijfsontwikkelingen.

De antiformalistische benadering resulteert in de samenstelling van uitgewerkte deelprincipes. Het gebouw bestaat uit een rek van neutrale vloeren met een warehouse-achtige kwaliteit. Een neutrale werkmachine met vrije ruimte en openheid, als een platform voor activiteiten. Daarmee lokt het gebouw zijn gebruikers uit tot daadwerkelijk activeren, gebruiken, aanpassen en optimaliseren. Toegevoegde elementen als klimaatregulerende-, logistieke- of sociale 'machines', leveren elk een specifieke bijdrage aan deze werkmachine. Het zijn op zichzelf staande elementen met een duidelijk afleesbare functie, zoals de lichtbaaien, de brise-soleilbalkons, het windscherm, de lucht- en liftschachten met de windgaten, de diagonale trapvides, de servicetorens, de business foyer met de versnellers, het zonnedak met de keukenbalk, de shortcut en de monitor.

Give me back my freedom! is a reaction to our interiorized, conditioned, artificial, bland surroundings. This research by design kicks off with a manifesto, how I see the status quo of our immediate surroundings and its effect on us as its users. Are our surroundings, our buildings and the products we use daily as normal as we assume, and are they being designed the right way? The project proposes using Easy architecture to radically simplify these surroundings into an uncomplicated environment based on elementary principles. Drawing on present and potential qualities, its aim is to maximize performance and individual freedom. Enjoy your freedom!

The brief is a first practical application of the manifesto. The chosen programme of an office is typical of the generalization, artificiality and interiorization of our surroundings. It is also symbolic of the capitalist model, where millions of people spend their time daily but which almost invariably produces a sense of dreariness. The project consists of an Easy architecture prototype for an office of a large bank with the market norms required of it.

In the research component I set out to conceptualize what are the real consequences, and more importantly the potentials, of capitalist culture, the objective being to maximize the performance of the work environment. Can an office evolve from a dead box into a more sympathetic and healthy setting?

To bring to light the crises of the standard office, the research deconstructs office typology, namely the sealed interior with its highly disputable quality of work environment, and the tower block as paradigm for the office. This last-named is responsible for the lack of urban quality in every office environment and necessitates sealing the interior. It transpires that there are sufficient grounds for refuting the validity of the office tower as a standard and therefore the need to maintain it as such. With the knowledge accumulated during my research I developed the Easy office. Here the volume is optimized in terms of, amongst other things, orientation to the sun, interior daylighting and interaction with the surroundings. As for the building, it marks a radical simplification and optimization of the standard office. The work quality has been maximized to give a healthy, naturally regulated work environment of a high quality and with plenty of individual freedom. It also lays the foundations for an efficient management with optimum communication and flexibility so as to pick up on unforeseen corporate developments.

The anti-formalist approach gives an assemblage of constituent principles. The building is a rack of neutral floors with a warehouse-like quality – a neutral work-machine with space and openness, a platform for activities. In this capacity the building incites its users to activate it, use it, adapt it, optimize it. Added elements such as 'machines' for climate control, logistics and socializing all have something to contribute to this work-machine. These stand-alone elements of obvious function include light bays, brise-soleil balconies, wind shield, air and lift shafts with wind holes, diagonal stairwells, service towers, business foyer with accelerators, sun-roof with cooking unit, shortcut and monitor.

—

Opleiding Place of education: AvB Rotterdam
Studierichting Specialization: architectuur architecture
Mentor Tutor: André Kempe
Commissie Committee: Robert Winkel, Jaap Wiedenhoff, Timo de Rijk

Pieter Bas Zwaga

→86–87,99

Nieuw Fries Museum, gebouwd behoud <u>New Frisian Museum, conservation through construction</u>

Het nieuwe museumconcept is gebaseerd op publiek toegankelijke depots en wordt gekenmerkt door een karakteristieke vakkenstructuur waarin de collectie geëxposeerd wordt
<u>A new museum concept based on open storage and marked by a layout in compartments for exhibiting the collection</u>

Het plan presenteert een nieuw museumconcept dat een oplossing biedt voor een aantal problemen die kenmerkend zijn voor de huidige generatie cultuurhistorische musea. Die kampen met teruglopende bezoekersaantallen en groeiende collecties die het depot nauwelijks uitkomen. Het nieuwe concept is toegepast in het ontwerp voor het nieuwe Fries Museum op het Zaailand in Leeuwarden. De opzet wordt gekenmerkt door een hoge mate van flexibiliteit.

Daartoe is in de expositieruimten een overmaat aan ruimte nodig die gebruikt kan worden om bepaalde delen van de expositieruimte te omzeilen als die verbouwd worden. Het depot zou in mijn optiek die ruimte kunnen zijn. Door het depot te openen voor publiek ontstaat de aanleiding om vaker een bezoek te brengen aan het museum. Je hoeft niet te wachten tot de curator een nieuwe tentoonstelling heeft opgebouwd. Ook is op die manier contact met de mensen achter de schermen mogelijk waardoor wederzijds begrip ontstaat tussen personeel en publiek.

Voor het opbergen van een groot aantal collectieonderdelen is veel ruimte en een goed geordend opbergsysteem vereist. Daartoe heb ik een orthogonale structuur van vloeren en wanden bedacht. Hierdoor ontstaat een grote hoeveelheid gesloten depotkabinetten. Elk kabinet heeft zijn eigen x, y, en z-coördinaat. De wanden van de kabinetten worden voorzien van een vakkenstructuur waarin alle stukken geëxposeerd en bewaard kunnen worden. Variatie in de afmetingen van de structuur zorgt voor een grote ruimtelijke variatie binnen de kabinetten. Binnen deze structuur van wanden en vloeren wordt een tentoonstellingsruimte uitgespaard waar stukken in geselecteerde relaties getoond kunnen worden. In tegenstelling tot de kabinetten vormt de expositieruimte een open, continue ruimte die een logische route door het gebouw biedt. Door de variatie in de structuur ontstaat ook hier een grote diversiteit en ruimtelijkheid waardoor vele mogelijkheden ontstaan om exposities te maken.

Om het gebouw aan te laten sluiten op de locatie opent het gebouw zich met de expositieruimten naar de omgeving. Dat levert naast uitzichten over de stad, nieuwe verbindingen en vormen van openbaarheid op. De materialisering van het gebouw is volledig in hout en glas. De keuze voor houten wanden en vloeren is gebaseerd op de wens om ruimten te creëren die zowel abstract en neutraal als sfeervol en warm zijn. Tevens zijn met massief houten wanden en vloeren grote overspanningen te realiseren, zodat grote museale ruimten tot de mogelijkheden behoren. Door de houten structuur binnen een glazen stolp te plaatsen is het hout beschermd tegen weersinvloeden. De glazen stolp zorgt daarnaast voor een transparantie die interactie tussen het instituut en de samenleving mogelijk maakt.

Het gebouwconcept is dusdanig flexibel dat het kan anticiperen op de plek en het programma. Hierdoor kan het concept voor meerdere musea worden toegepast, waarmee het een oplossing biedt voor een algemeen probleem.

<u>The project presents a new museum concept that seeks to solve a number of problems typifying the present generation of cultural-historical museums. These have to contend with dwindling visitor attendance figures and swelling collections that scarcely ever come out of storage. The presented concept is applied in the design for the new Frisian Museum on the main square (Wilhelminaplein) in Leeuwarden. Its layout is informed by a high degree of flexibility.</u>

<u>To achieve this flexibility the exhibition spaces need a loose-fit format whose extra space can be used to bypass parts of the exhibition area where changes are being made. As I see it, the museum depot could provide that extra space. By opening this storage area to the public, museumgoers would be inclined to visit the museum more often. There is no need to wait until the curator has mounted a new exhibition. It also enables visitors to make contact with those working behind the scenes to encourage mutual understanding between staff and public.</u>

<u>To store a large collection requires a great deal of space and a well-ordered storage system. For this I devised an orthogonal structure of floors and walls giving a great many enclosed storage cabinets. Each cabinet has its own x, y and z coordinates. The cabinet walls have a layout in compartments that enables all pieces to be exhibited and stored. Variations in the structure's dimensions allow great spatial variety within the cabinets. From this structure of walls and floors an exhibition space has been incised where pieces can be shown in selected relationships. Unlike the cabinets, the exhibition space is an open unbroken area providing a logical route through the building. Here too the variation in structure makes for a great diversity and spaciousness so that there are many possible ways to mount a show.</u>

<u>These exhibition components open up the building to embrace the surroundings, giving new links and forms of openness as well as views across the city. The building is entirely of wood and glass, its use of timber walls and floors rooted in the wish to create spaces that are as much abstract and neutral as they are warm and vibrant. At the same time, the solid timber walls and floors enable great spans and with them the possibility of fitting out large museum spaces. A glass dome enveloping the timber structure is there to protect it against the elements. It also affords a degree of transparency that enables institute and community to interact.</u>

<u>The concept behind the building is flexible enough to take account of both place and programme in advance. In other words, it can be used for other museums, as the solution to a generic problem.</u>

———

Opleiding <u>Place of education</u>: AvB Groningen
Studierichting <u>Specialization</u>: architectuur <u>architecture</u>
Mentoren <u>Tutors</u>: Hugo de Clercq, Geir Eide, Maarten Schmitt

Beelden
<u>Images</u>

Plannen <u>Projects</u>   25

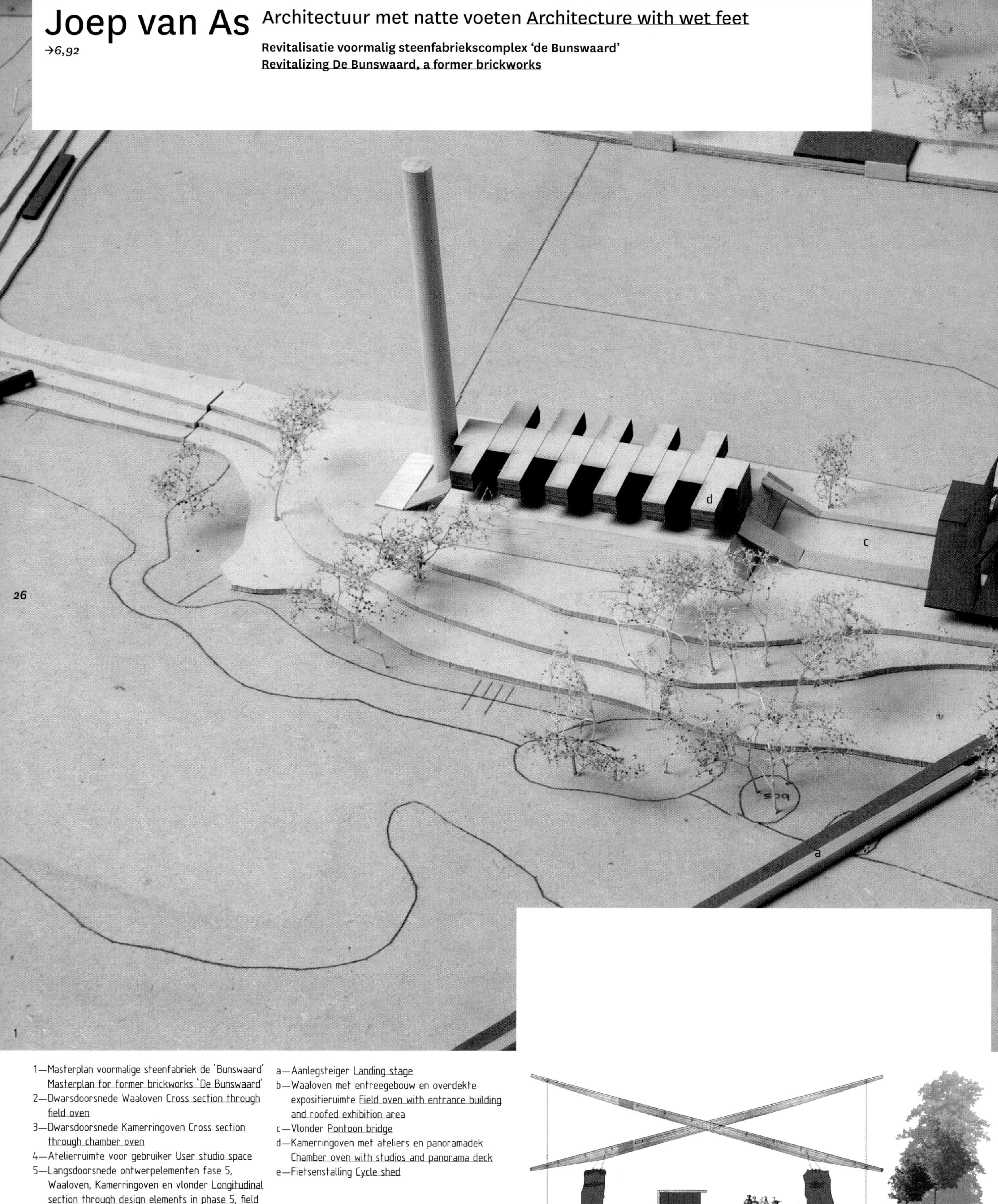

Joep van As

→6,92

Architectuur met natte voeten <u>Architecture with wet feet</u>

Revitalisatie voormalig steenfabriekscomplex 'de Bunswaard'
<u>**Revitalizing De Bunswaard, a former brickworks**</u>

1—Masterplan voormalige steenfabriek de 'Bunswaard'
Masterplan for former brickworks 'De Bunswaard'
2—Dwarsdoorsnede Waaloven Cross section through field oven
3—Dwarsdoorsnede Kamerringoven Cross section through chamber oven
4—Atelierruimte voor gebruiker User studio space
5—Langsdoorsnede ontwerpelementen fase 5, Waaloven, Kamerringoven en vlonder Longitudinal section through design elements in phase 5, field oven, chamber oven and pontoon bridge

a—Aanlegsteiger Landing stage
b—Waaloven met entreegebouw en overdekte expositieruimte Field oven with entrance building and roofed exhibition area
c—Vlonder Pontoon bridge
d—Kamerringoven met ateliers en panoramadek Chamber oven with studios and panorama deck
e—Fietsenstalling Cycle shed

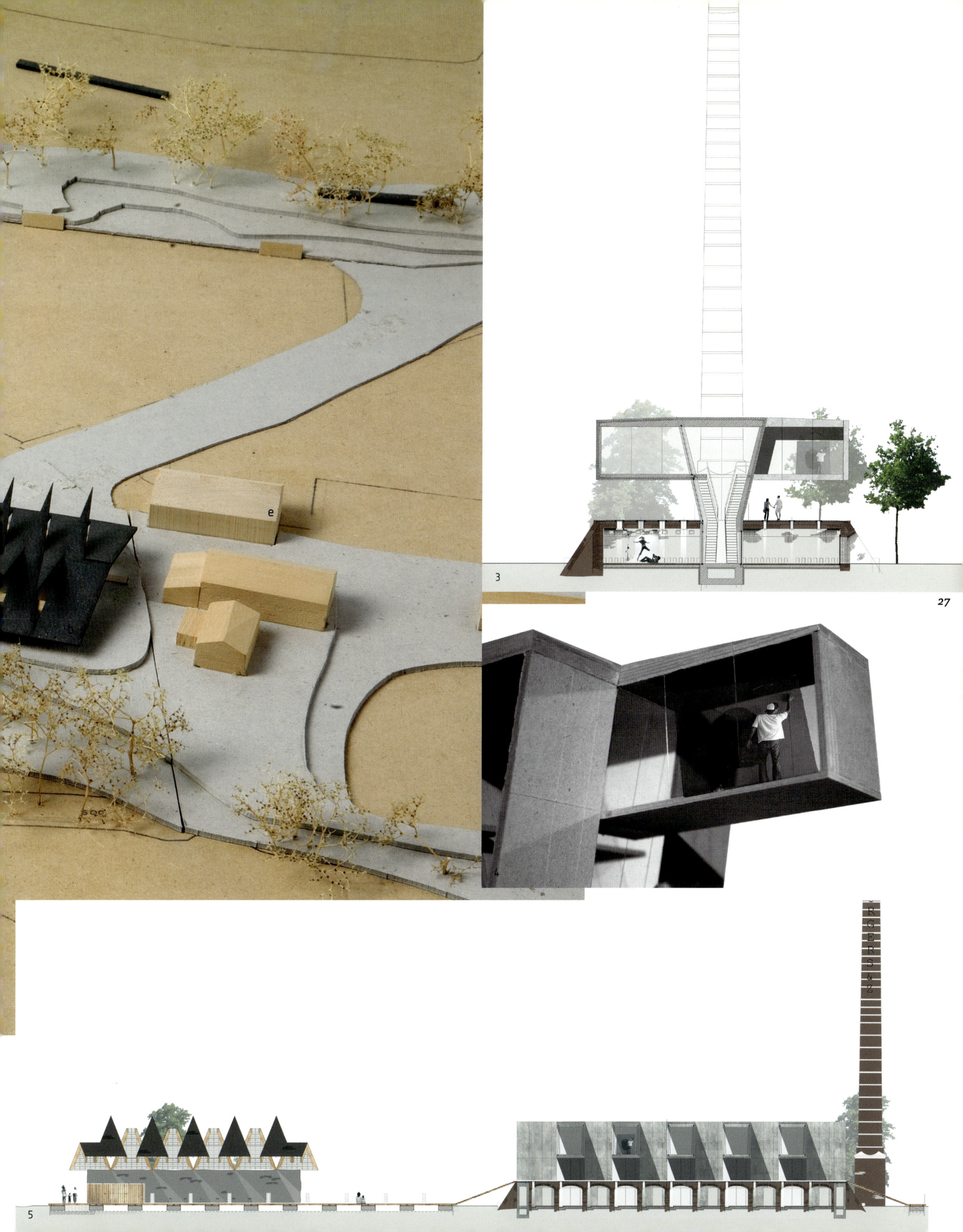

Sanne Blom
→6,92

A Place for Movement and Performance: A public space in Amsterdam-Noord

Het dansinstituut biedt de professionele danswereld een herkenbare plek The dance institute gives the professional dance world a recognizable place of its own

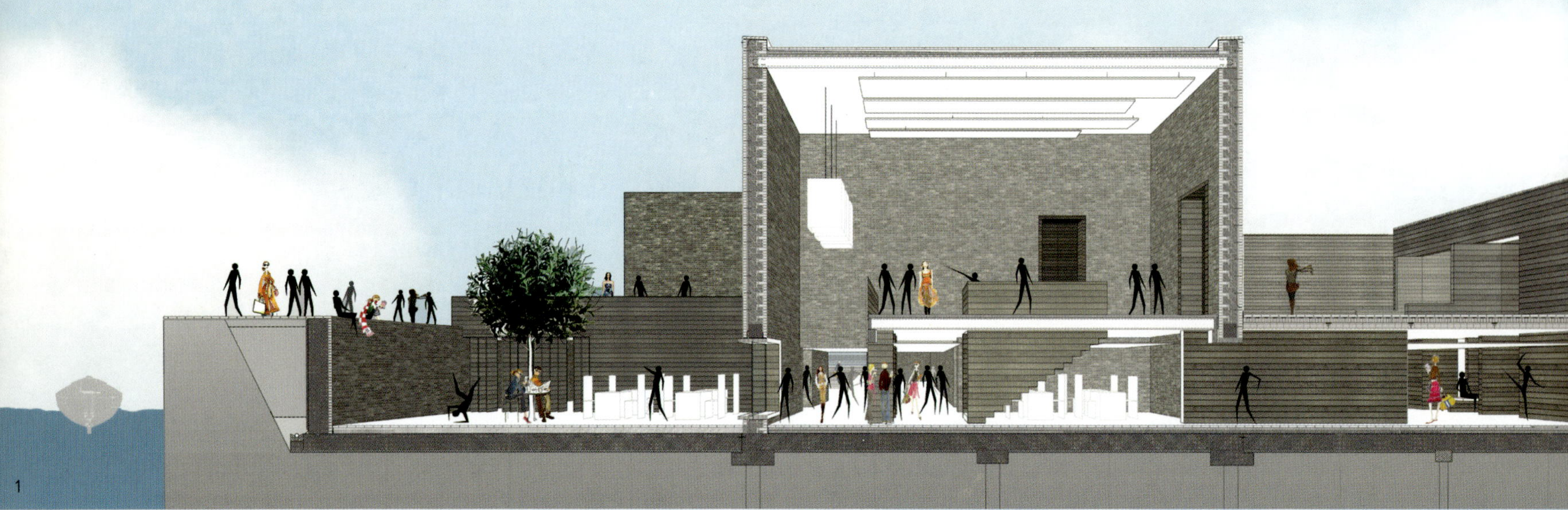

1—Doorsnede door het restaurantgedeelte met daarin de publieke wandelroute en het zicht op de foyer
  Section through the restaurant area including the public walking route and a view of the foyer
2—De langsdoorsnede loopt parallel met de publieke wandelroute door de foyer, het restaurant en de performance ruimte. Langs deze route bevinden zich kleine doorgangen, sneakpeaks, richting het dansgedeelte met de studioruimten The longitudinal section runs parallel with a public walking route through the foyer, restaurant and performance space that gives sneak peeks into the dance studios
3—Situatie van het dansinstituut in Amsterdam Noord aan het IJ
  The dance institute in context in Amsterdam-Noord on the IJ
4—Aanzicht vanaf het IJ View from the IJ
5—Plattegrond maaiveld Ground floor plan
6—Plattegrond onderwereld Underground floor plan

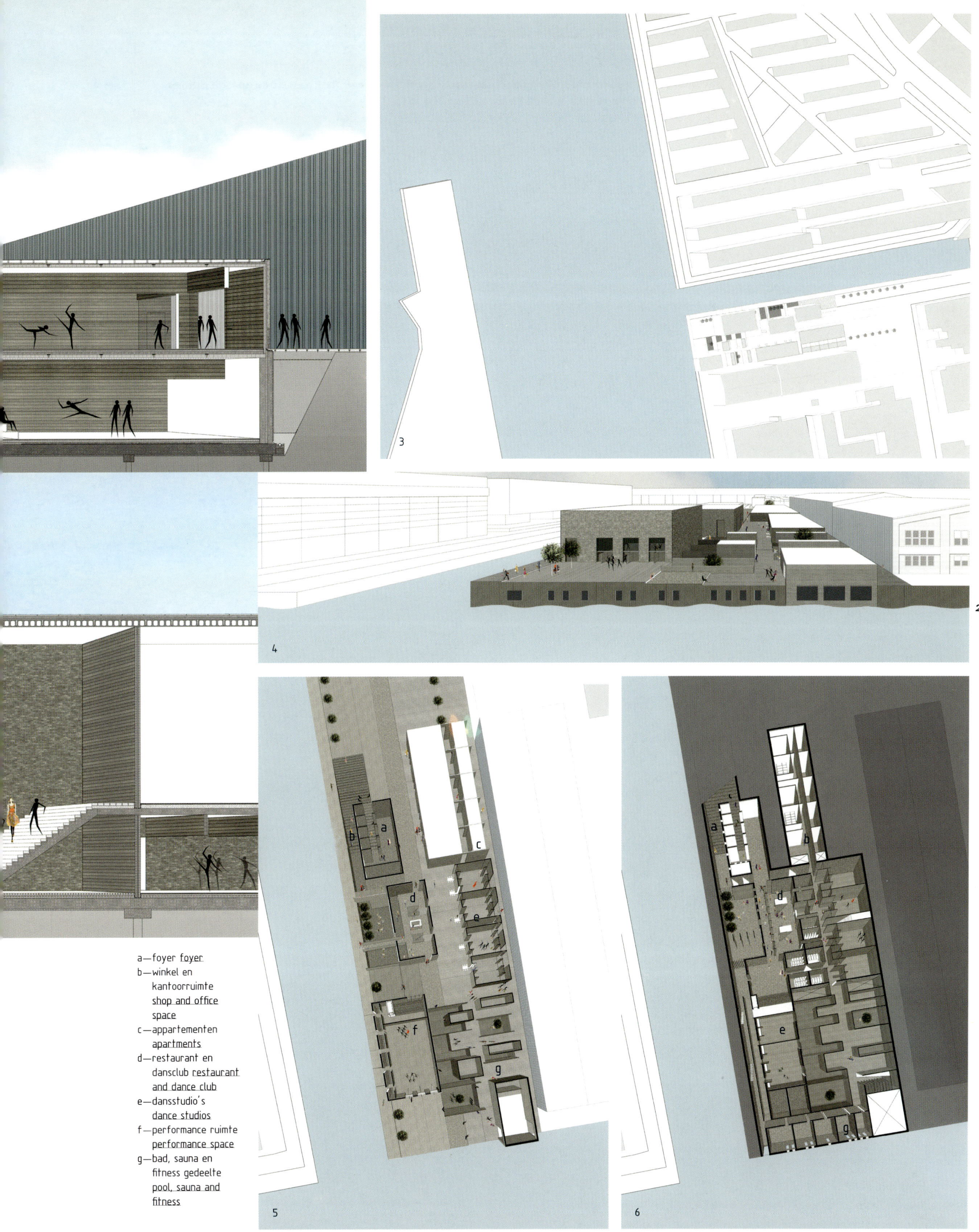

a—foyer foyer
b—winkel en kantoorruimte shop and office space
c—appartementen apartments
d—restaurant en dansclub restaurant and dance club
e—dansstudio's dance studios
f—performance ruimte performance space
g—bad, sauna en fitness gedeelte pool, sauna and fitness

3

4

5

6

Servie Boetzkes

→7,92

Kartuizerklooster: een psychodyslepticum
Carthusian monastery: a psychodyslepticum

Het nieuwe klooster in het centrum van Brussel vormt een rustpunt waar contemplatieven kunnen ontsnappen aan de dynamiek van de stad. The new monastery in the centre of Brussels is an oasis where contemplatives can escape the bustle of the city.

tweede prijs second prize

f
b
h
5

Linda Buijsman

→8,92

Duurzame, zelfredzame en betaalbare huisvesting voor de urban poor in Phnom Penh Sustainable, independent and affordable housing for the urban poor in Phnom Penh

1—Waterplaats Water well
2—Impressie straatbeeld met marktplaats en wijkcentrum
  Impression of street scene with marketplace and community centre
3—Woning eerste fase [rechts] tweede fase [links]
  House in first phase [right] and second phase [left]
4—Doorsnede met wateropslag, open entresol en ventilatie door dak
  Section including water storage, open mezzanine and ventilation
  through roof
5—Plattegrond Plan
6—Stedebouwkundige opzet Urban layout
7—Opbouw woning Components of house

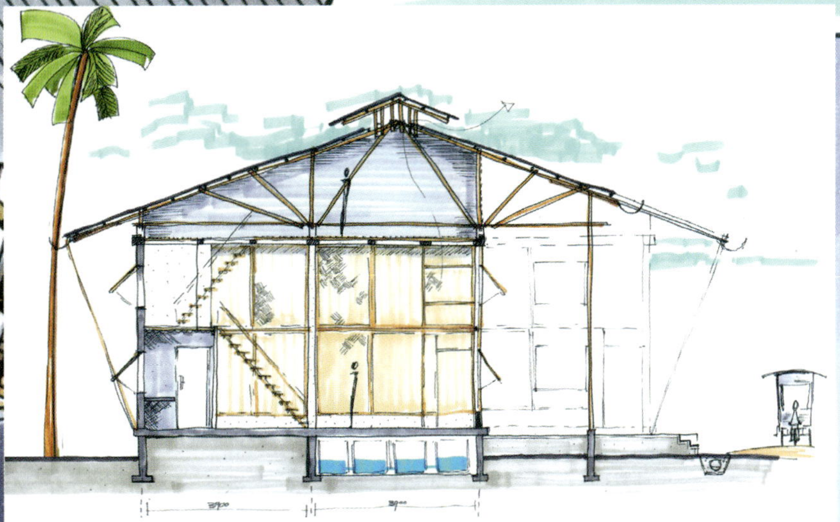

4

5

a—terras +0,5m
  terrace +0.5m
b—woonkamer/winkel
  +0,7m
  living room/shop
  +0.7m
c—terras terrace
d—keuken kitchen
e—toilet toilet
f—woon/slaapkamer
  +3,1m
  living/bedroom +3.1m
g—latrine put
  latrine pit
h—biogasballon
  biogas balloon
i—zandfilter
  sand filter
j—waterkraan
  water tap
k—tweede fase +5,2m
  second phase +5.2m

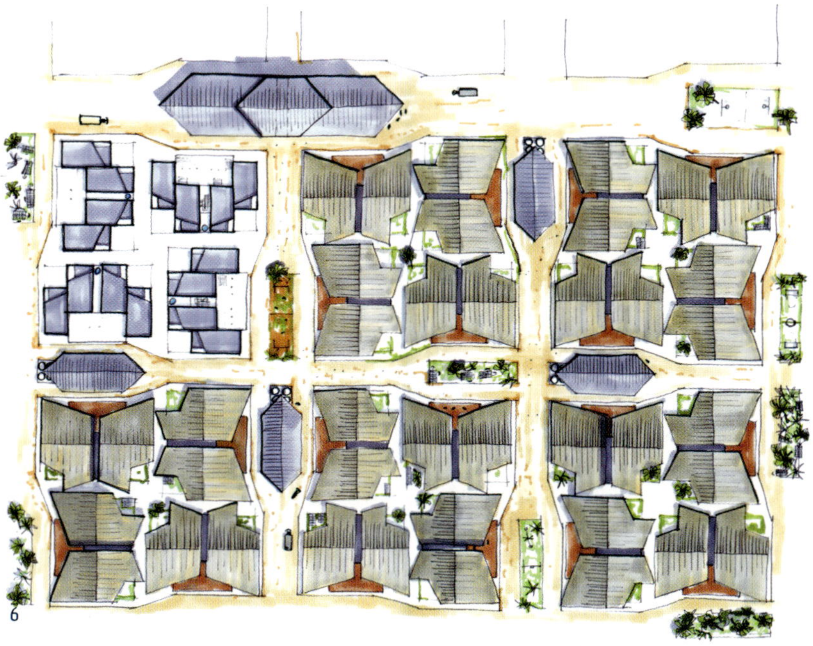

6

7

Dingeman Deijs
→8,93
Uitgemergeld Marlnutrition
Door het verstevigen van verzwakte mergelkolommen blijft het gangenstelsel van de
Sint-Pietersberg bij Maastricht intact en krijgt een nieuwe recreatieve bestemming
By strengthening the weak columns of marl, the network of tunnels in the St Pietersberg
near Maastricht can be kept intact and given a new recreational use
eerste prijs first prize
36
1

a — toegangstrap entrance stair
b — hoofdroute principal route
c — receptie reception
d — mergelkamers buiten marl chambers (outside)
e — mergelkamer binnen marl chamber (inside)
f — lucht lichtkoker air and light shaft
g — mergelontbijt marl breakfast
h — toegangstrap entrance stair
i — zwemplateau swimming pool platform
j — groeve trap quarry stair
k — verbindingsbrug connecting bridge
l — toegangs aardpijp access columns
m — kunstgangen art corridors
n — hangbrug suspended bridge
o — kunst- en cultuurcentrum
centre for art and culture
p — de maas river Maas

route route
constructie structure

+50 m
+35 m
+25 m
+15 m

2
3
zwakke kolom weak column
betonnen schil concrete shell
uitgehakte massa hewn-out mass
mergelkamer marl chamber

4
5
6

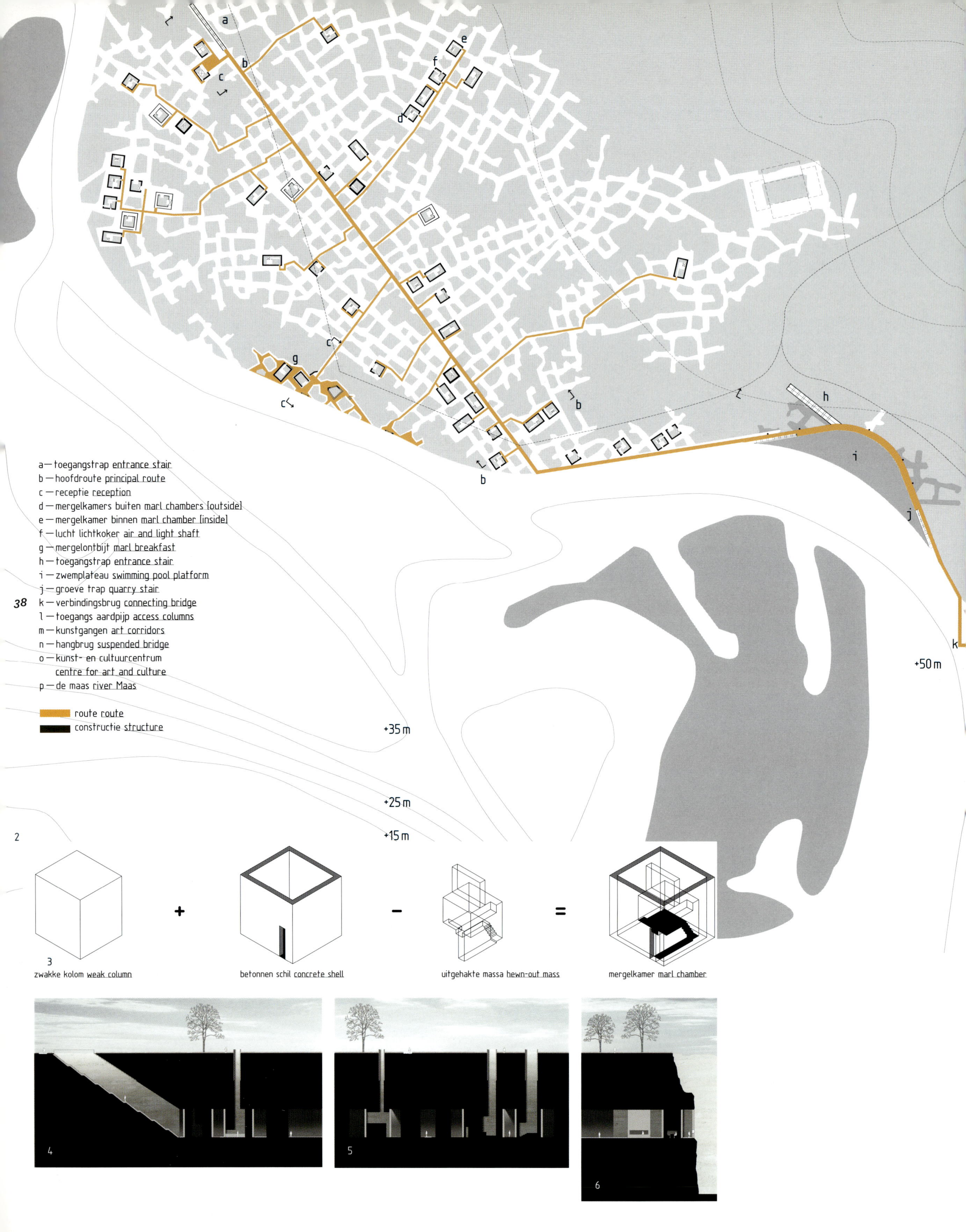

38

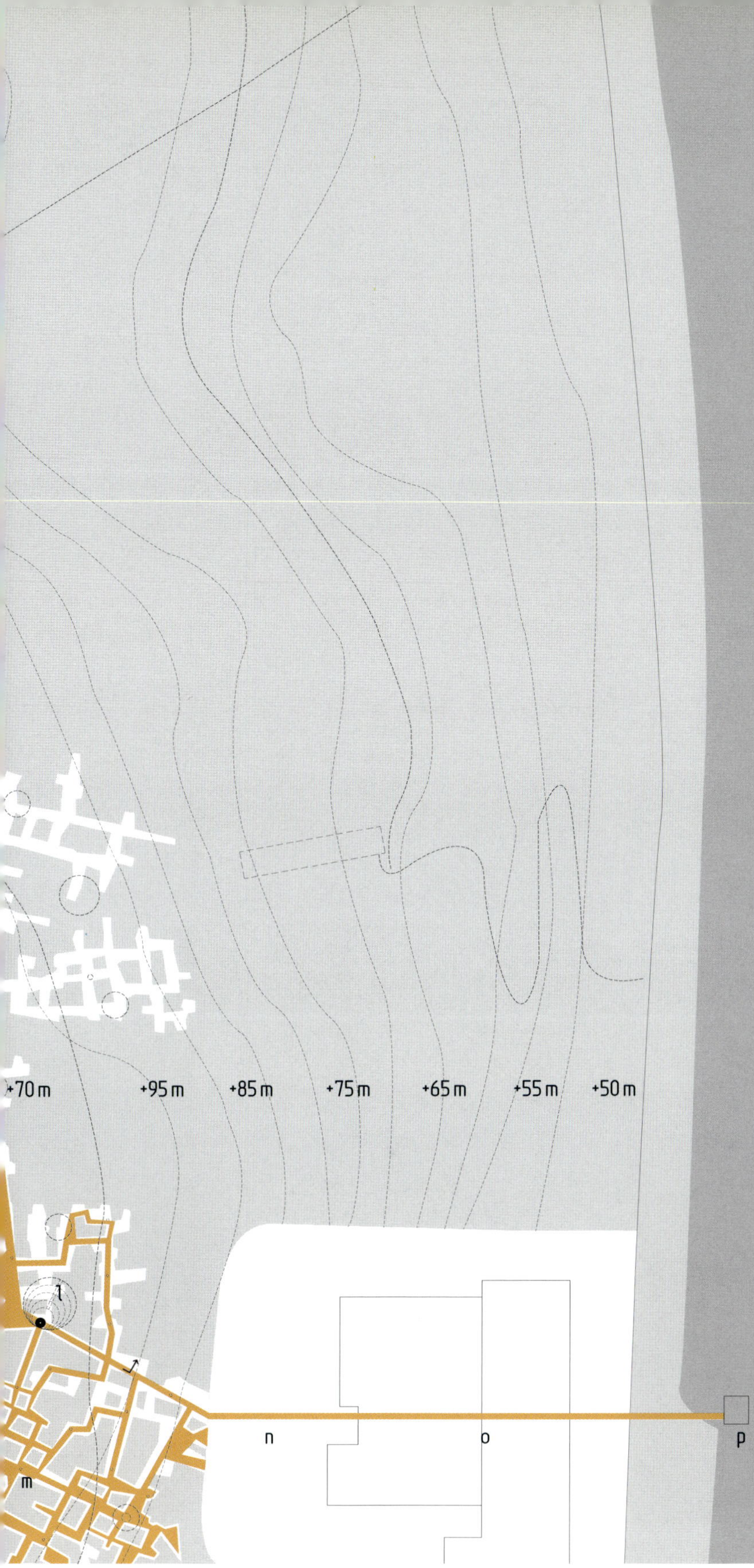

7—Hangbrug Suspended bridge

8—Kunstgangen Art corridors

9—Zwemplateau Swimming pool on platform

1—Mergelontbijt Marl breakfast
2—Plankaart Map of planning area
3—Kolomversteviging Column reinforcement
4—Doorsnede aa Section aa
5—Doorsnede bb Section bb
6—Doorsnede cc Section cc
7—Hangbrug Suspended bridge
8—Kunstgangen Art corridors
9—Zwemplateau Swimming pool on platform

+70m +95m +85m +75m +65m +55m +50m

m n o p

Björn Fries Cité Noord

Perceptie en engagement vormen de bepalende parameters in het ontwerp van een complex met appartementen, kantoren, winkels een cultureel centrum en een bibliotheek in Amsterdam noord *Perception and engagement are the defining parameters in this design for apartments, offices, shops, a cultural centre and a library in Amsterdam-North*

a—atelier studio
b—vergader- en
   ontmoetingsruimten
   meeting and
   conference rooms
c—keuken kitchen

5

a—fietsenstalling cycle
   storage
b—entree apparte-
   menten entrance to
   apartments
c—winkel shop
d—werkplaats
   workplace
e—bibliotheek library
f—café café
g—restaurant
   restaurant
h—galerie gallery
i—pétanque pétanque
   pitch
j—in-/uitrit parkeer-
   kelder
   entrance/exit ramp
   to parking facility

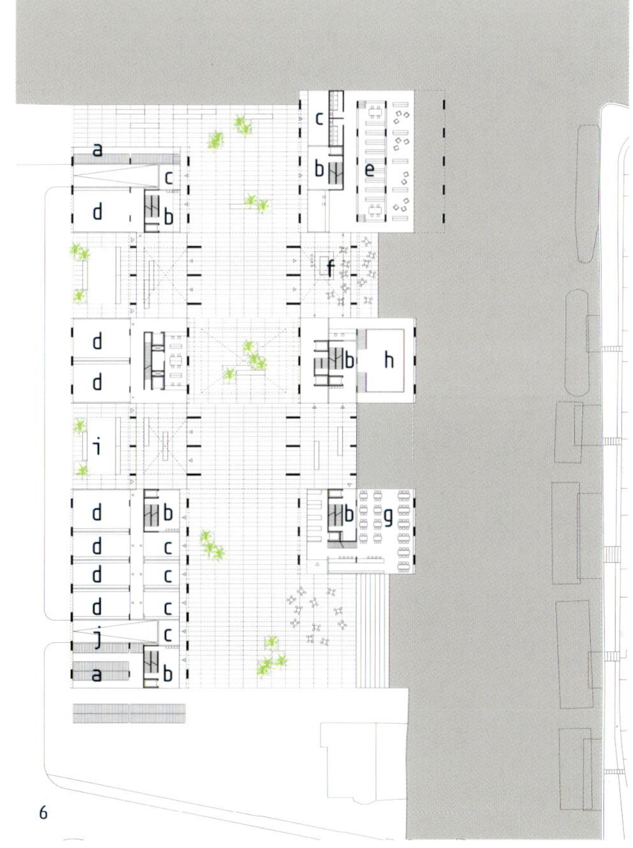

6

<u>Building Farm</u>

Een bouw- en sloopafvalverwerkingscomplex op een verlaten spoorwegterrein in Oost Berlijn
A construction and demolition waste processing centre on a brownfield site in East Berlin

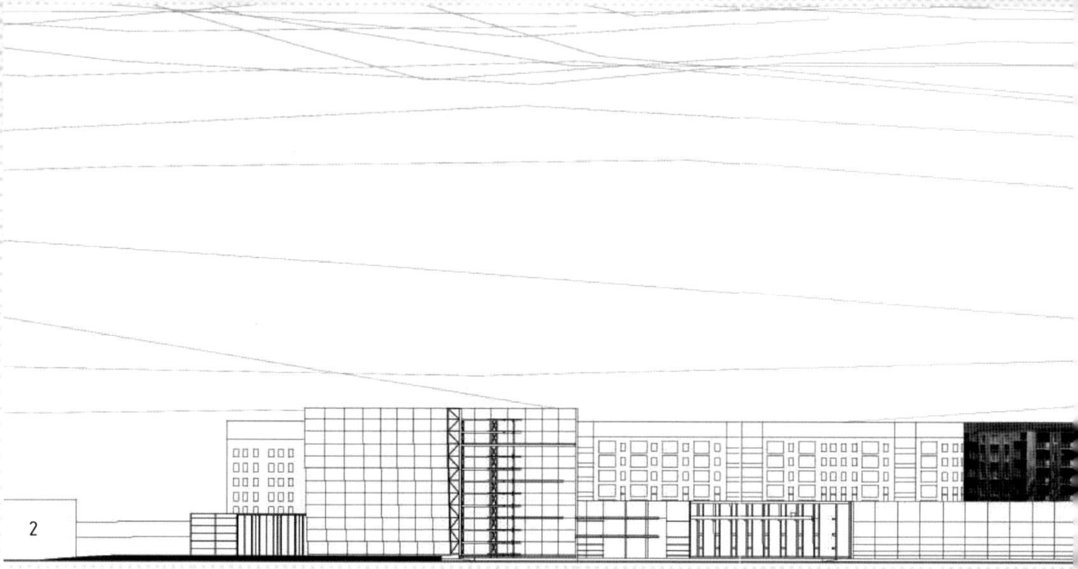

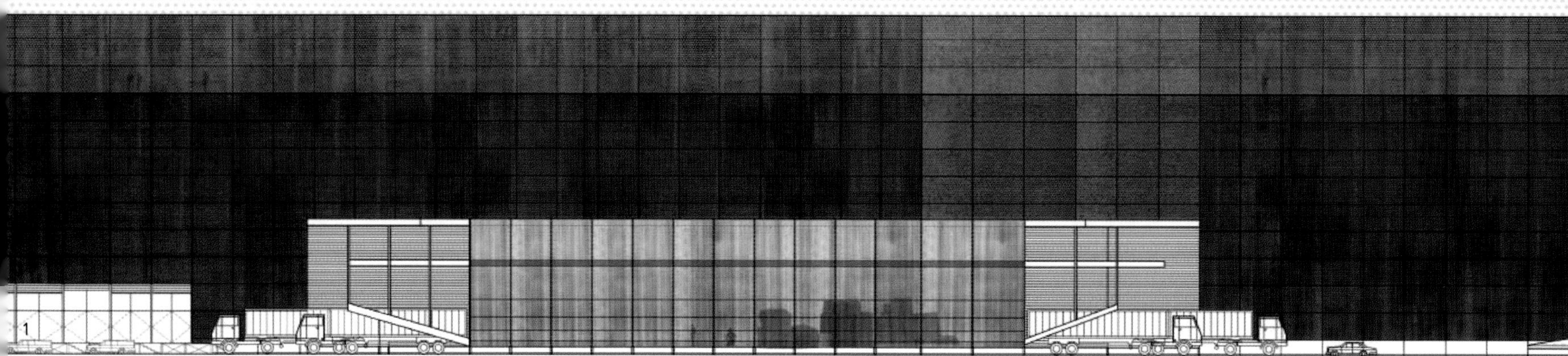

2

1

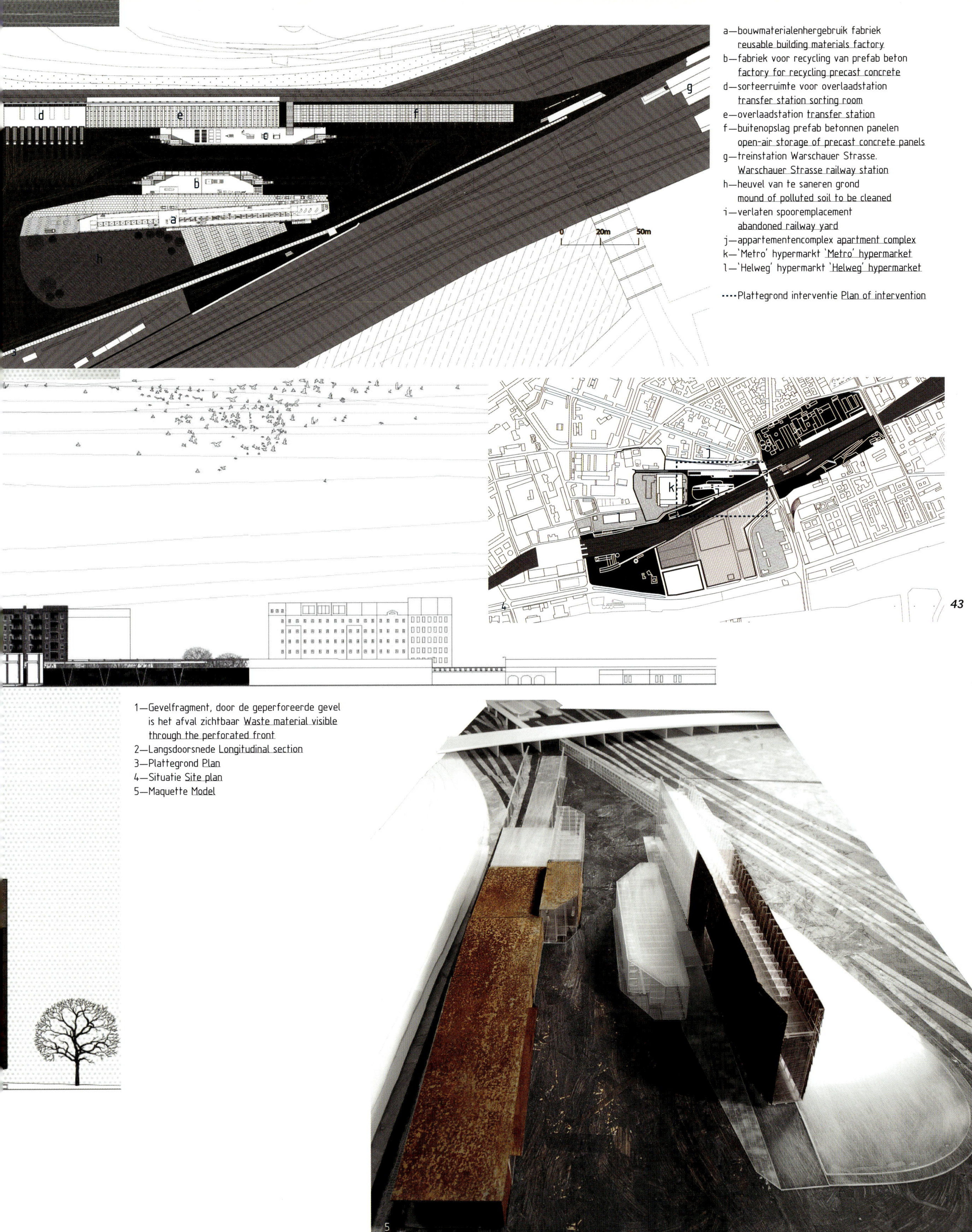

a—bouwmaterialenhergebruik fabriek
reusable building materials factory
b—fabriek voor recycling van prefab beton
factory for recycling precast concrete
d—sorteerruimte voor overlaadstation
transfer station sorting room
e—overlaadstation transfer station
f—buitenopslag prefab betonnen panelen
open-air storage of precast concrete panels
g—treinstation Warschauer Strasse.
Warschauer Strasse railway station
h—heuvel van te saneren grond
mound of polluted soil to be cleaned
i—verlaten spooremplacement
abandoned railway yard
j—appartementencomplex apartment complex
k—'Metro' hypermarkt 'Metro' hypermarket
l—'Helweg' hypermarkt 'Helweg' hypermarket

····Plattegrond interventie Plan of intervention

1—Gevelfragment, door de geperforeerde gevel
is het afval zichtbaar Waste material visible
through the perforated front
2—Langsdoorsnede Longitudinal section
3—Plattegrond Plan
4—Situatie Site plan
5—Maquette Model

43

Jos van Heerde

→10,93

Sportcomplex Scheveningen <u>Scheveningen Sports Complex</u>

Aan het noordelijk havenhoofd te Scheveningen vormt het sportcomplex een symbiose tussen architectuur en kustwering <u>Lying along the northern breakwater at Scheveningen, the sports complex is a symbiosis of architecture and the coastal defence structure</u>

a—zomer entree café restaurant <u>summer entrance to café-restaurant</u>
b—winter entree café restaurant <u>winter entrance to café-restaurant</u>
c—café restaurant <u>café-restaurant</u>
d—entree parkeergarage sportcomplex <u>entrance to sports complex parking</u>
e—overdekte parkeergarage sportcomplex <u>indoor parking facility for sports complex</u>
f—entree sportcomplex <u>entrance to sports complex</u>
g—kleedruimten fitness <u>fitness gym changing rooms</u>
h—fitness ruimte <u>fitness gym</u>
i—yoga zaal <u>yoga room</u>
j—kleedruimten zwembad <u>swimming pool changing rooms</u>
k—25m bad <u>25-metre pool</u>
l—flowrider <u>flowrider</u>
m—bergingen <u>lockers</u>
n—sauna <u>sauna</u>
o—sportbar <u>sports bar</u>

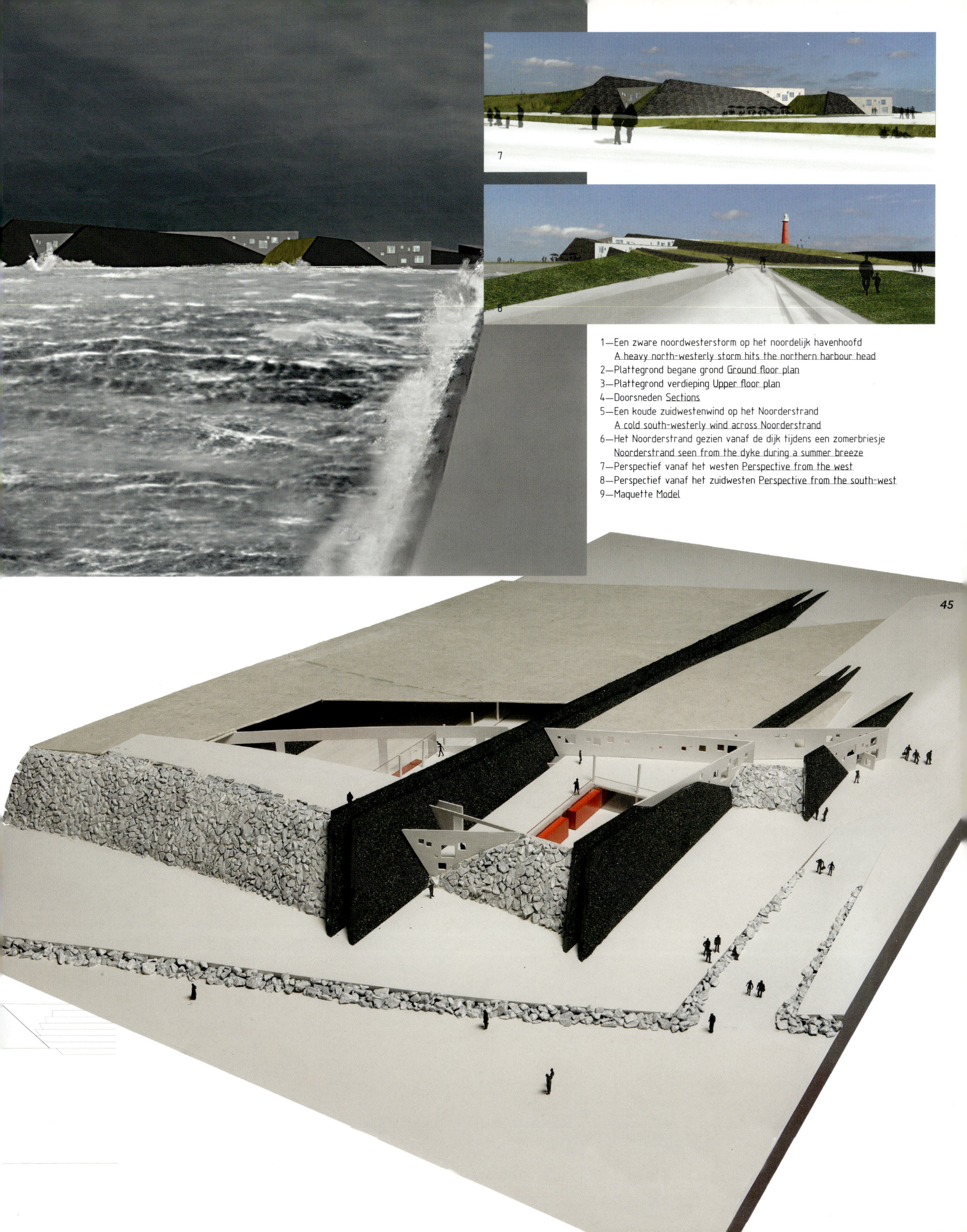

1—Een zware noordwesterstorm op het noordelijk havenhoofd
   A heavy north-westerly storm hits the northern harbour head
2—Plattegrond begane grond Ground floor plan
3—Plattegrond verdieping Upper floor plan
4—Doorsneden Sections
5—Een koude zuidwestenwind op het Noorderstrand
   A cold south-westerly wind across Noorderstrand
6—Het Noorderstrand gezien vanaf de dijk tijdens een zomerbriesje
   Noorderstrand seen from the dyke during a summer breeze
7—Perspectief vanaf het westen Perspective from the west
8—Perspectief vanaf het zuidwesten Perspective from the south-west
9—Maquette Model

46

1

2

3

4

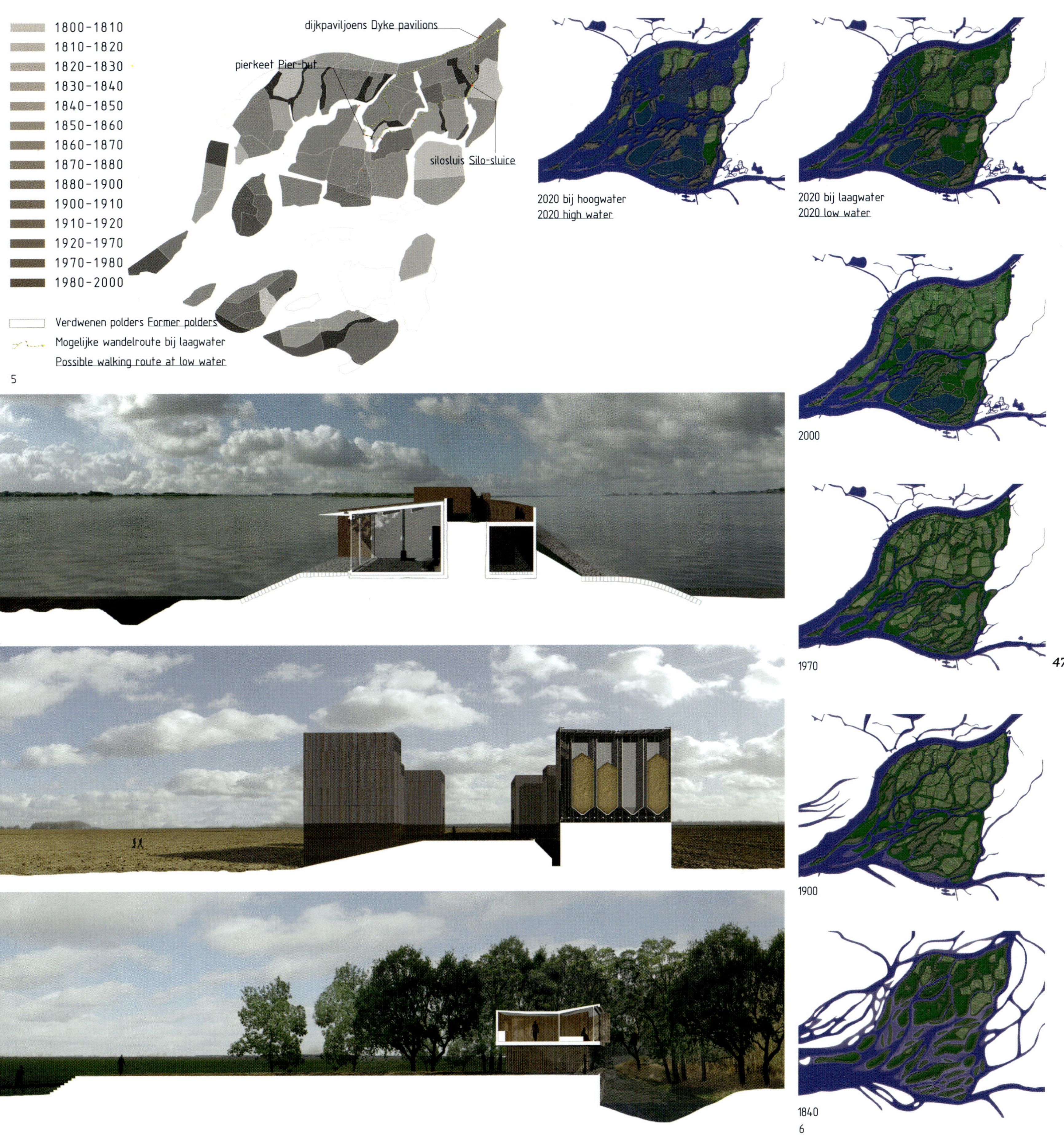

5

47

1—De aarden basis van de Silosluis is hecht verbonden met de polderbodem. Deze 'sluis' is een abstract poortgebouw gepositioneerd op een plek waar ooit een dijk gelegen heeft en waar door de naderende ontpoldering een nieuw dijklichaam zal terugkeren. The earthen base of the silo-sluice is riven to the polder soil. This 'sluice' is an abstract gateway building sited where a dyke used to stand and where the imminent depoldering process will produce a new dyke.

2—Doorsnede over de dijkpaviljoens bij hoogwater omstreeks 2020. De verschillende ruimten zijn uit het functieloze dijklichaam gesneden. Section through the dyke pavilions at high water c.2020. The spaces are cut from the inactive dyke.

3—Doorsnede over de silosluis omstreeks 2010 Section through the silo-sluice c.2010

4—Doorsnede over de Pierkeet bij laagwater omstreeks 2020. Deze bootpier met woonkeet ligt aan een oud dijkrestant te wachten op het hoogwater dat hier opnieuw komen gaat. Section through pier-hut at low water c.2020. This boat pier with chalet lies along an old segment of dyke, waiting for the high water that is to return here.

5—De verschillende bouwperioden van de polders met de drie locaties van de polderpaviljoens. De paviljoens kunnen door middel van een wandelroute (of bij hoogwater per boot) bezocht worden Dates of drainage of the polders showing the three sites of the pavilions. These can be reached along a walking route or by boat at high water

6—Groei en krimp van het polderlandschap in de Biesbosch Growth and shrinkage of polder landscape in Biesbosch

Het Spektakel en de Stad Spectacle and the City

Nieuwbouw voor twee Rotterdamse filmtheaters, Lantaren/Venster en Cinerama in een gesloten bouwblok aan de Blaak in Rotterdam New premises for two Rotterdam film theatres, Lantaren/Venster and Cinerama, in a perimeter block on Blaak boulevard in Rotterdam

48

1

2

3

4

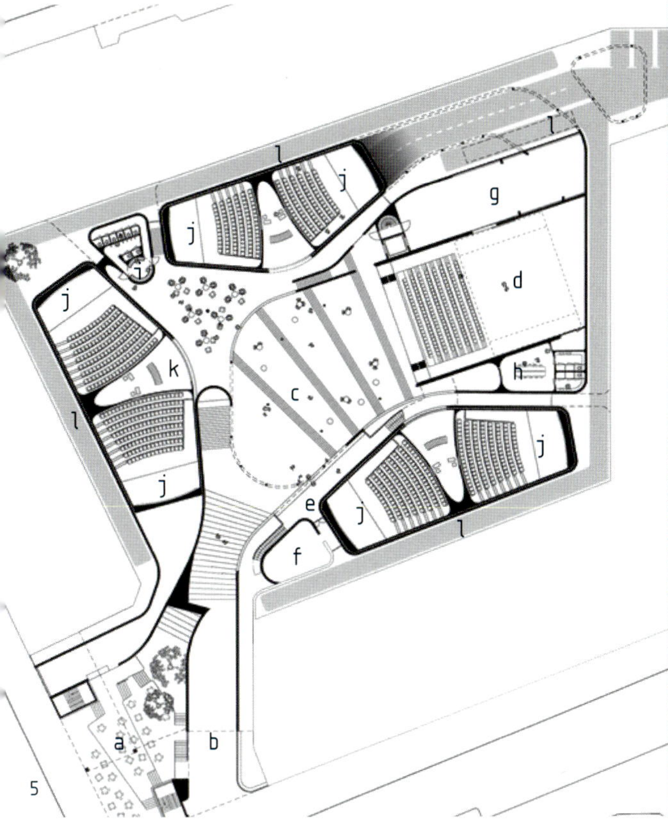

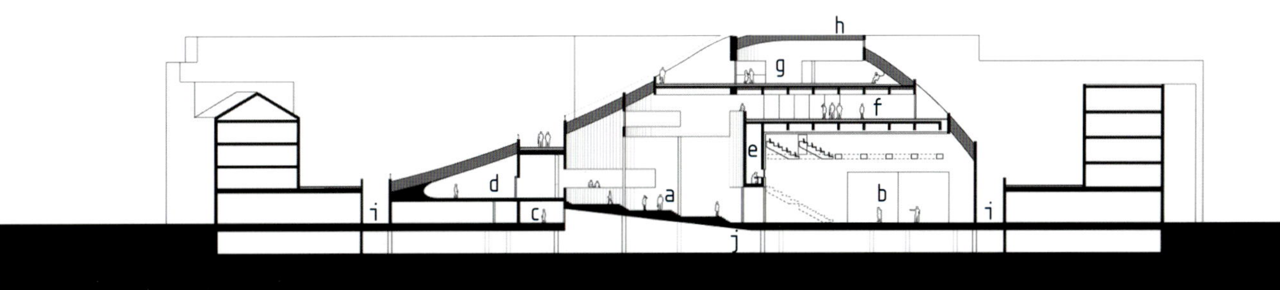

1—Maquette Model
2—Verticale organisatie, Jazzzolder Vertical structure, jazz attic
3—Verticale organisatie, cinema en theater Vertical structure, cinema and theatre
4—Verticale organisatie, parkeren Vertical structure, parking
5—Foyer, plattegrond Foyer plan
6—Jazzzolder, plattegrond Jazz attic plan
7—Doorsnede Section
8—Conceptbeeld Concept image
9—Impressie jazzzolder Impression of jazz attic

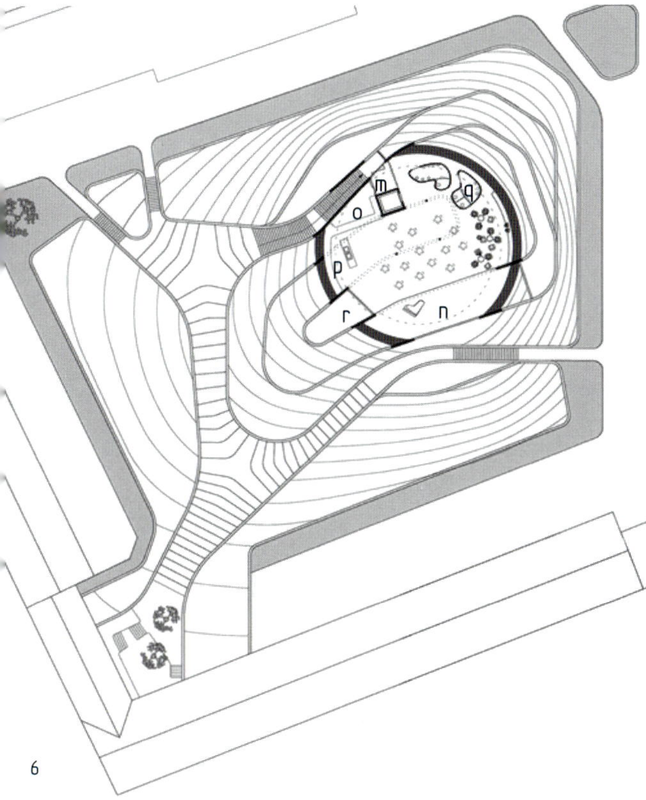

a—terras annex entree naar heuvel terrace cum entrance to hill
b—theaterentree entrance to theatre
c—foyer foyer
d—theaterzaal [vlakke vloer, 200 toeschouwers] theatre auditorium [flat floor format, 200 spectators]
e—bar bar
f—pantry pantry
g—werkplaats en opslag theater workplace and theatre store
h—kleedkamer changing room
i—toiletten publiek toilets for spectators
j—cinema [6 zalen, in totaal 700 toeschouwers] cinema [6 screening rooms, 700 spectators in all]
k—projectiecabine projection booth
l—vluchtweg, bevoorrading escape route, supplies
m—entree entrance
n—podium stage
o—bar bar
p—dj-set DJ booth
q—toiletten toilets
r—terras terrace

a—theaterfoyer theatre foyer
b—theaterzaal theatre auditorium
c—subfoyer [cinema] met zicht op parkeerniveau subfoyer [cinema] with view of parking level
d—projectiecabine projection booth
e—regie theater control room
f—werkvloer theaterorganisatie work floor of theatre management
g—Jazzzolder jazz attic
h—360° panorama op de stad 360° city panorama
i—expeditie- en vluchtstraat service and escape route
j—parkeerniveau parking level

John van Lierop

→12,94

Eindstation – Instituut voor Toekomstig Verlies
Terminus – Institute of Future Loss

Sterfhuis voor terminale gasten van alle leeftijden met een combinatie van verschillende functies waardoor een tijdelijke dynamische samenleving ontstaat A home for terminal patients of all ages whose mix of functions sustains a temporary, dynamic community

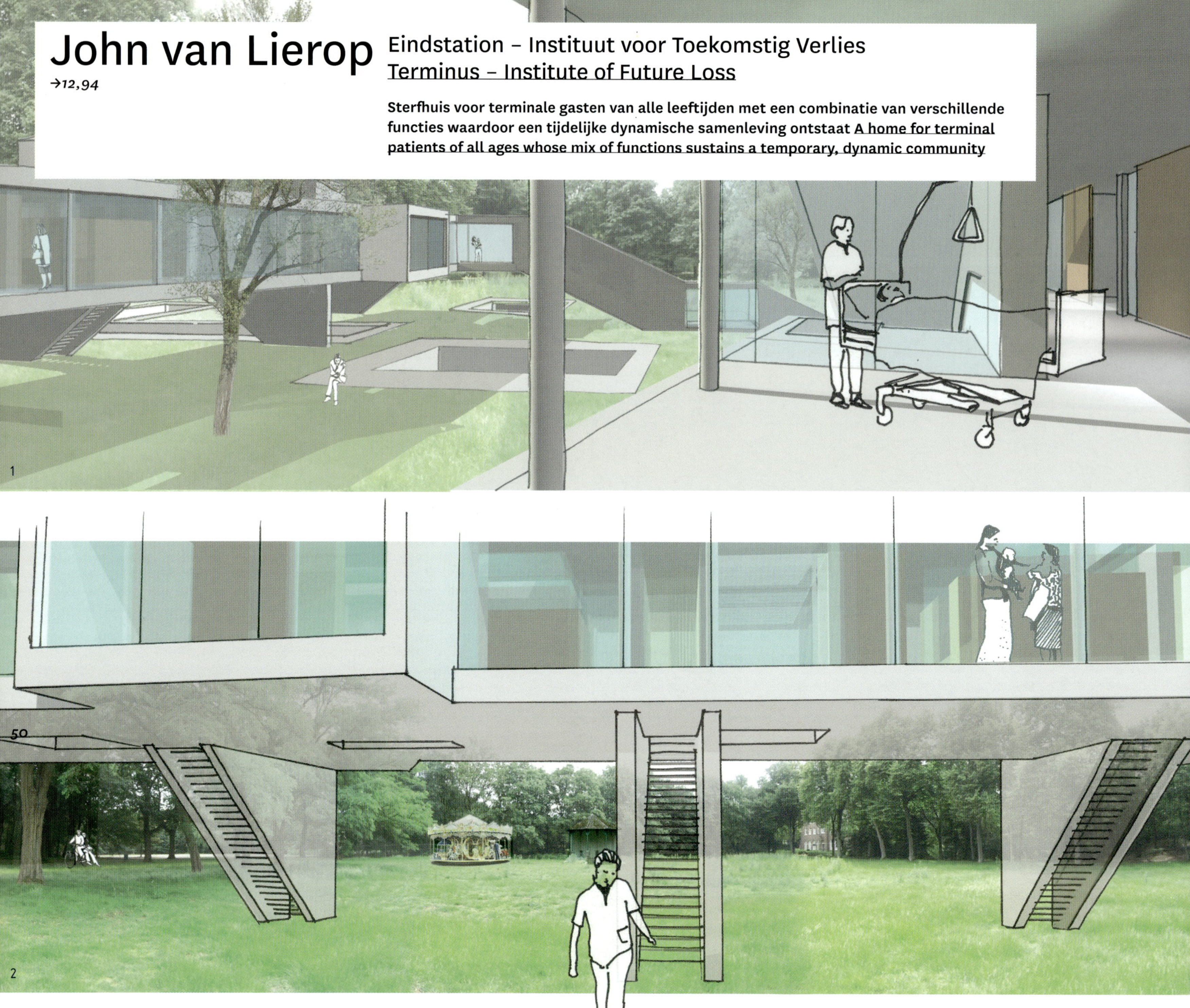

1—Het nieuwe gebouw spreidt zich uit als de wortels van een boom. Diepe uitsneden uit het grond-oppervlak onthullen de ondergrondse delen The new building is splayed like the roots of a tree. Deep cuts in the surface area reveal the parts underground

2—De gasten kunnen het park of bos betreden door middel van trappen welke direct met de kamers verbonden zijn Guests can enter the park or woods along stairs directly connected to the rooms

3—Doorsnede, drie niveau's boven, op en onder het maaiveld, vormen samen één doorlopend geheel Section through three levels (above, at and below the ground plane) presenting a single continuous entity

4—Voor bezoekers hebben bos en park een inleidende en afleidende functie Woods and park are both introductory and diversionary for visitors

5—Transformatie van 'leefkamer' via 'sterfkamer' naar 'rouwkamer' door middel van houten schuifwanden Transformation from 'life room' via 'death room' to 'grief room' using sliding wooden partitions.

6—De private kamers geven gasten de kans om de rustgevende omgeving van binnenuit te beleven. Verschuifbare wanden openen de kamers naar de collectieve route Private rooms give guests the opportunity to experience the restful surroundings from the inside outwards. Sliding partitions open up the rooms to the common route.

7—Situering in het landschap Setting in the landscape

a—Diverse gemengde gastenkamers Various mixed guest rooms
b—Afscheidscentrum met [feest]zaal, afscheidsruimte [kapel], in- en uitrit lijkwagen
  Leaving-taking centre with reception hall, leave-taking room [chapel of rest], hearse entrance and exit
c—Hoofdentree, winkel, grand-café, restaurant, centrale keuken, spreekkamers Main entrance, shop,
  grand café, restaurant, main kitchen, interview rooms
d—Oud paviljoen, opleidingscentrum stervensbegeleiding, uitvaartonderneming, voorlichtingscentrum,
  museum, bibliotheek, cinema, kantoren, kinderdagverblijf Old pavilion, terminal care training centre,
  funeral enterprise, information centre, museum, library, cinema, offices, crèche
e—Ontspanningscentrum, relaxbaden, praktijk voor fysiotherapie, schoonheids-salon
  Relaxation centre, relaxing baths, physiotherapy practice, beauty salon

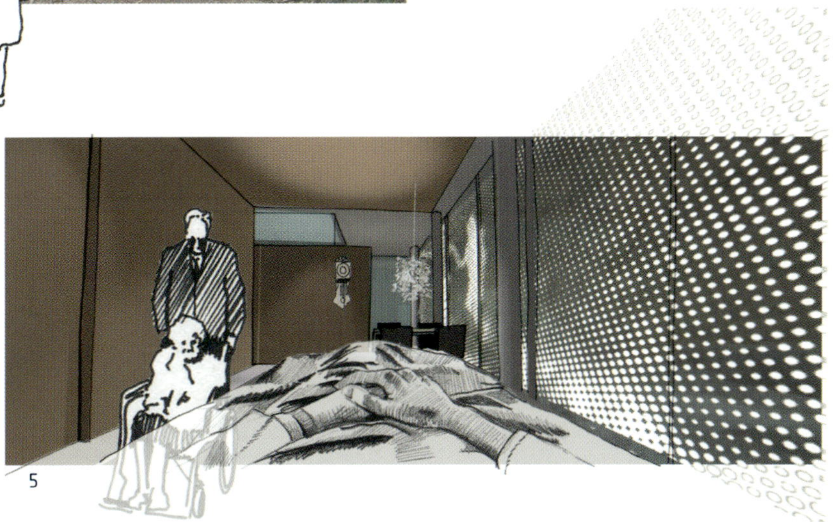

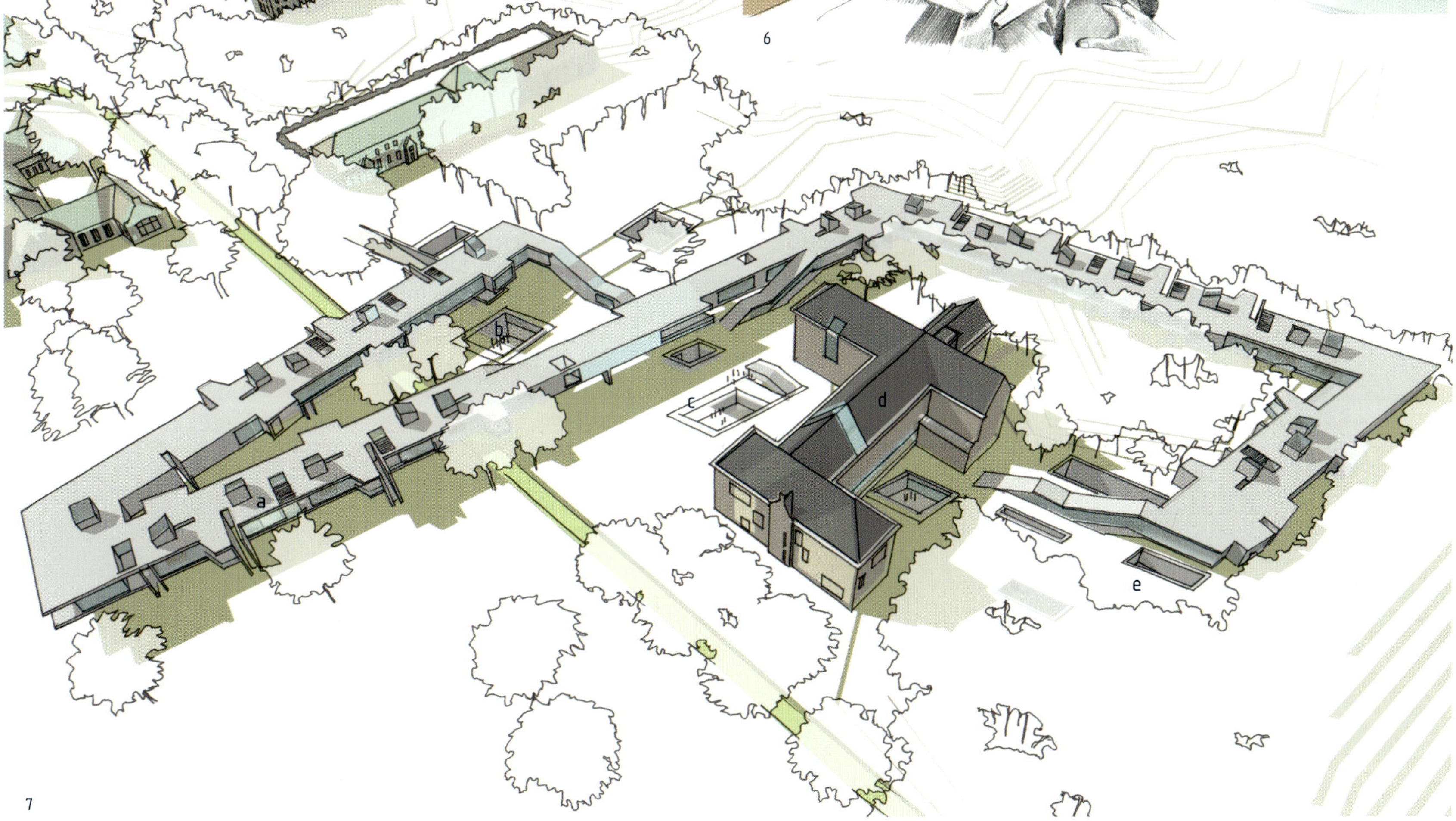

Jan Maas

→13,95

Urban Wrinkle

Plan voor een park in het centrum van de zuidas A plan for a park in the centre of Amsterdam Zuidas

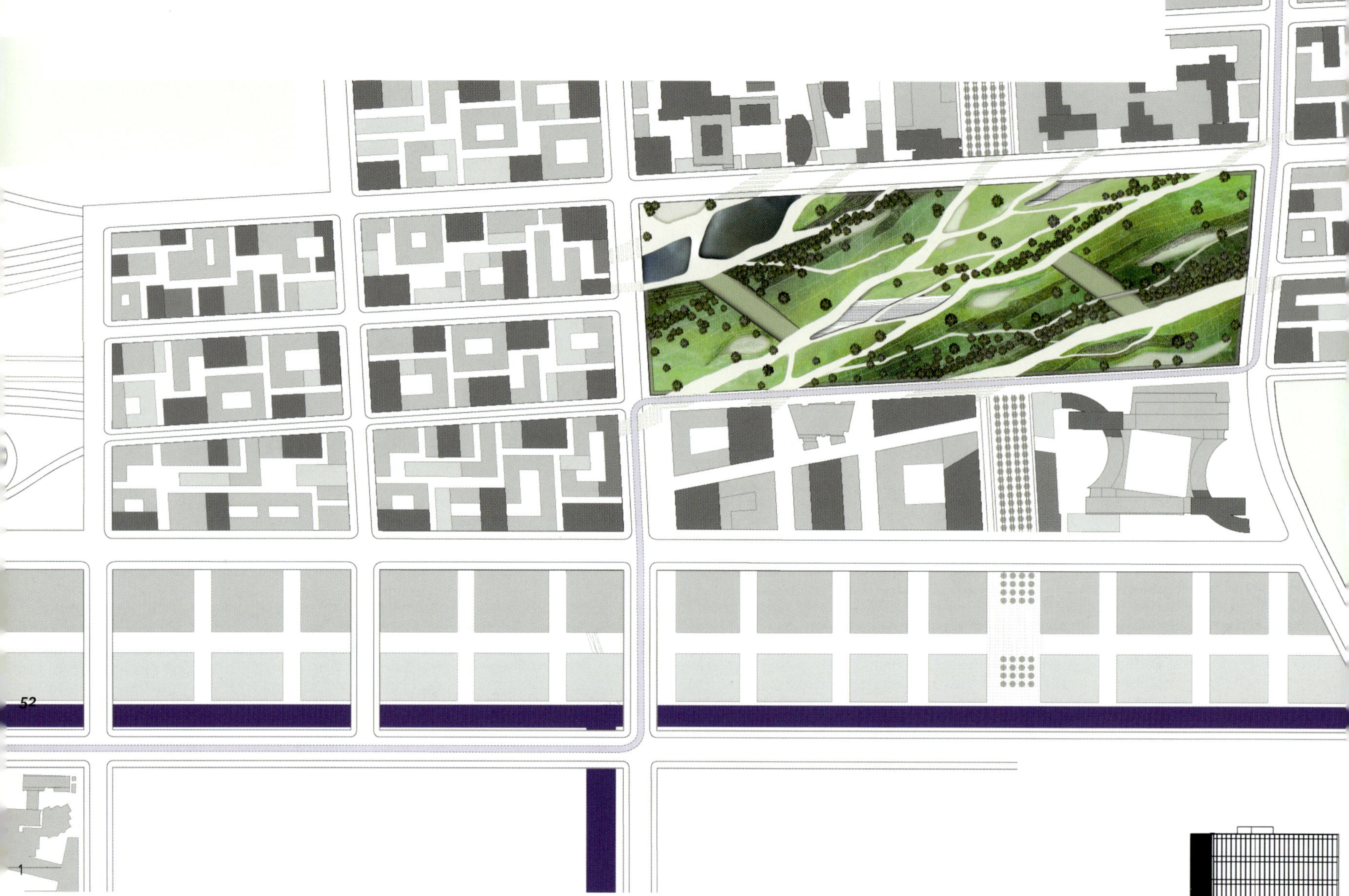

1

2

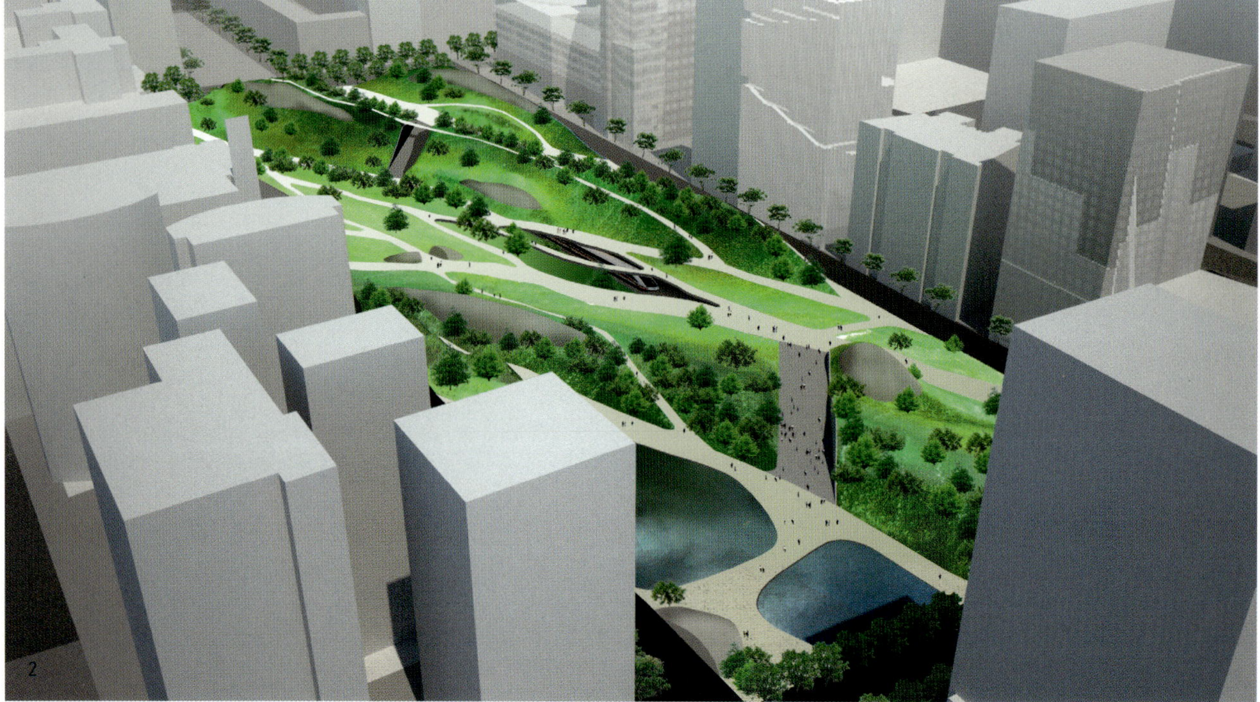

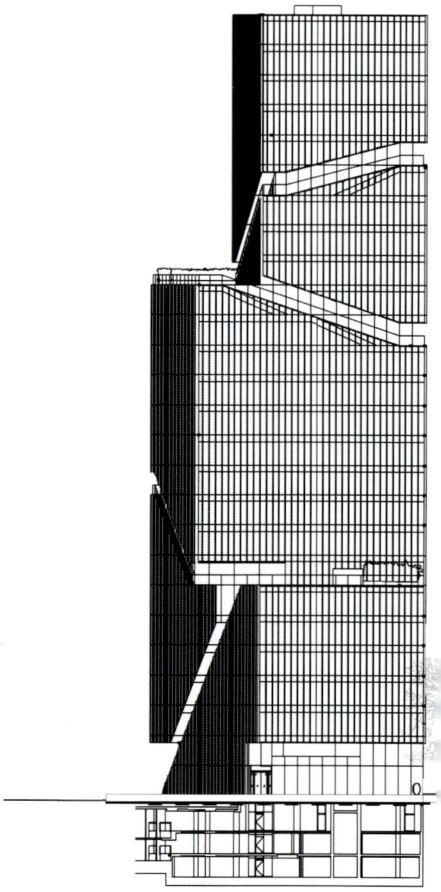

3

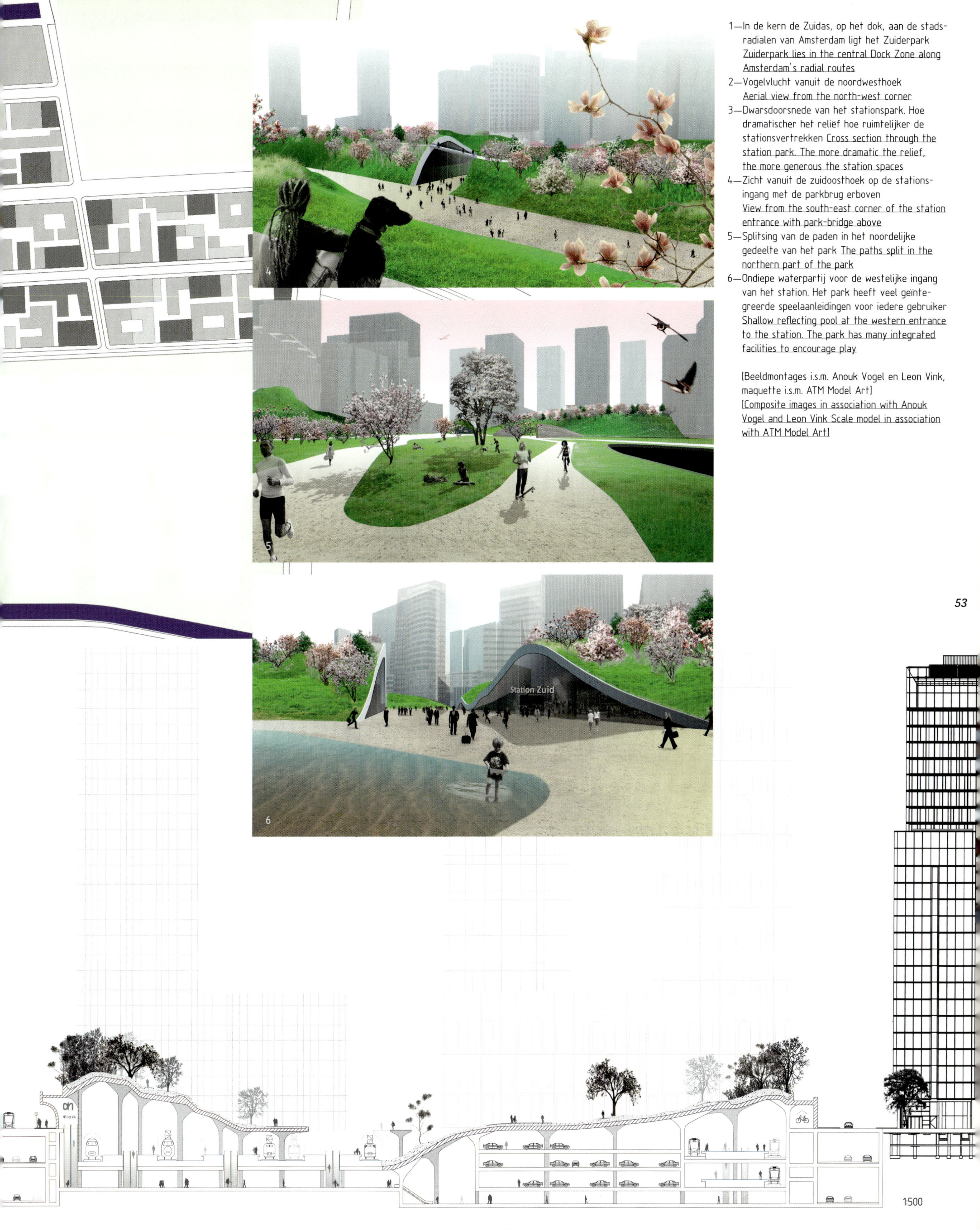

1—In de kern de Zuidas, op het dok, aan de stadsradialen van Amsterdam ligt het Zuiderpark
Zuiderpark lies in the central Dock Zone along
Amsterdam's radial routes
2—Vogelvlucht vanuit de noordwesthoek
Aerial view from the north-west corner
3—Dwarsdoorsnede van het stationspark. Hoe
dramatischer het reliëf hoe ruimtelijker de
stationsvertrekken Cross section through the
station park. The more dramatic the relief,
the more generous the station spaces
4—Zicht vanuit de zuidoosthoek op de stations-
ingang met de parkbrug erboven
View from the south-east corner of the station
entrance with park-bridge above
5—Splitsing van de paden in het noordelijke
gedeelte van het park The paths split in the
northern part of the park
6—Ondiepe waterpartij voor de westelijke ingang
van het station. Het park heeft veel geïnte-
greerde speelaanleidingen voor iedere gebruiker
Shallow reflecting pool at the western entrance
to the station. The park has many integrated
facilities to encourage play

[Beeldmontages i.s.m. Anouk Vogel en Leon Vink,
maquette i.s.m. ATM Model Art]
[Composite images in association with Anouk
Vogel and Leon Vink Scale model in association
with ATM Model Art]

53

1:500

Marko Matic

→14,95

Les Archives de la Planète

Archiefgebouw aan de rand van Parijs voor de fotocollectie van Albert Kahn met beelden van het alledaagse leven over de hele wereld An archive building on the edge of Paris to house Albert Kahn's collection of photographs of everyday life all over the world

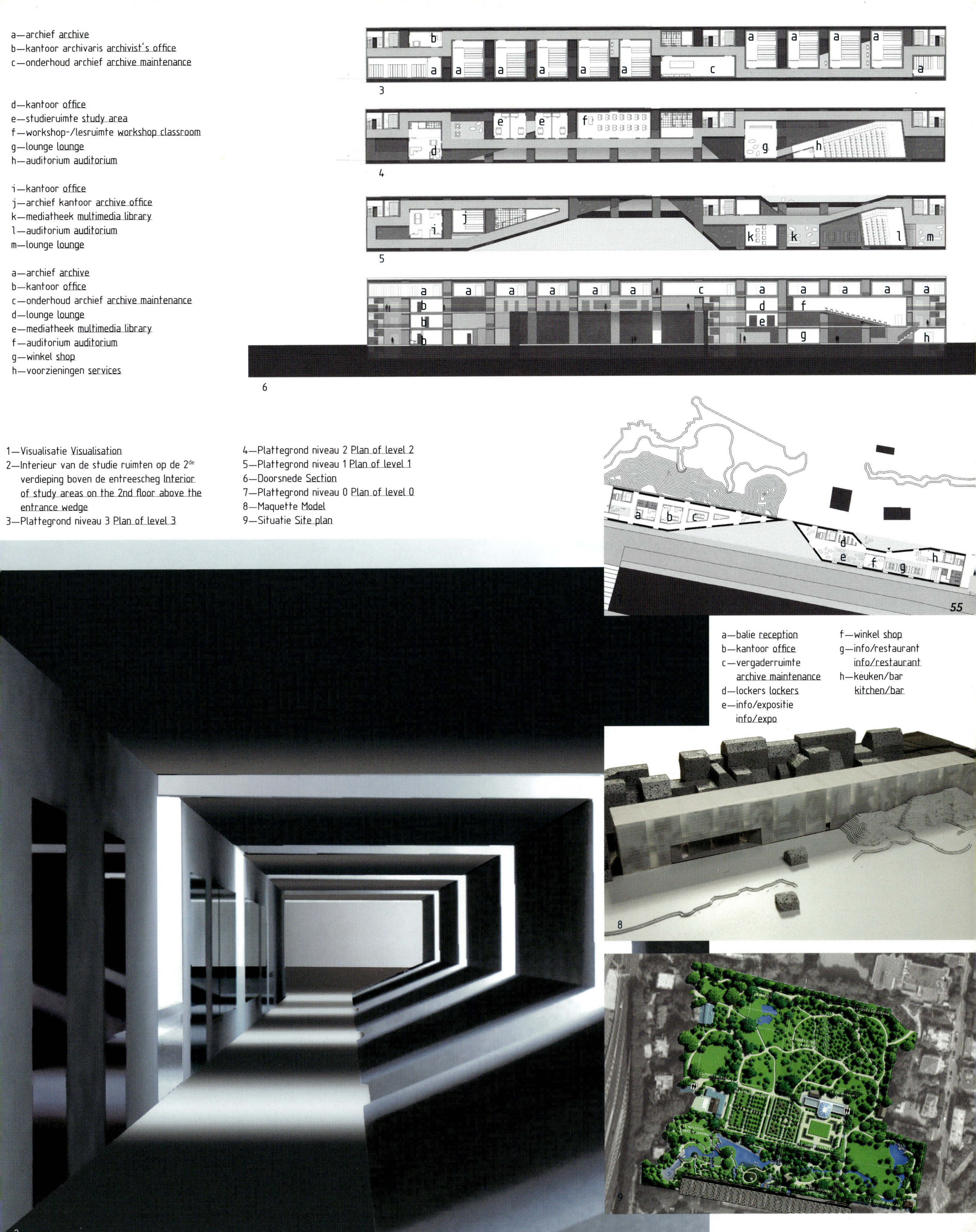

a—archief archive
b—kantoor archivaris archivist's office
c—onderhoud archief archive maintenance

d—kantoor office
e—studieruimte study area
f—workshop-/lesruimte workshop classroom
g—lounge lounge
h—auditorium auditorium

i—kantoor office
j—archief kantoor archive office
k—mediatheek multimedia library
l—auditorium auditorium
m—lounge lounge

a—archief archive
b—kantoor office
c—onderhoud archief archive maintenance
d—lounge lounge
e—mediatheek multimedia library
f—auditorium auditorium
g—winkel shop
h—voorzieningen services

1—Visualisatie Visualisation
2—Interieur van de studie ruimten op de 2de verdieping boven de entreescheg Interior of study areas on the 2nd floor above the entrance wedge
3—Plattegrond niveau 3 Plan of level 3
4—Plattegrond niveau 2 Plan of level 2
5—Plattegrond niveau 1 Plan of level 1
6—Doorsnede Section
7—Plattegrond niveau 0 Plan of level 0
8—Maquette Model
9—Situatie Site plan

a—balie reception
b—kantoor office
c—vergaderruimte archive maintenance
d—lockers lockers
e—info/expositie info/expo
f—winkel shop
g—info/restaurant info/restaurant
h—keuken/bar kitchen/bar

Erik Moederscheim

In de huid van Breuer: <u>Under Breuer's Skin:</u>

Herbestemming tot museum voor moderne kunst van de Amerikaanse ambassade te Den Haag US Embassy in The Hague gets a new use as a museum of modern art

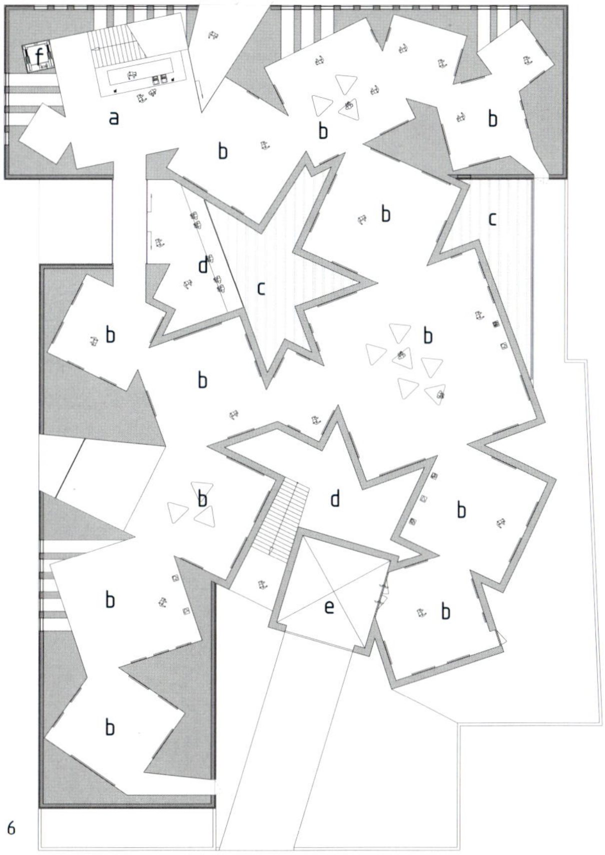

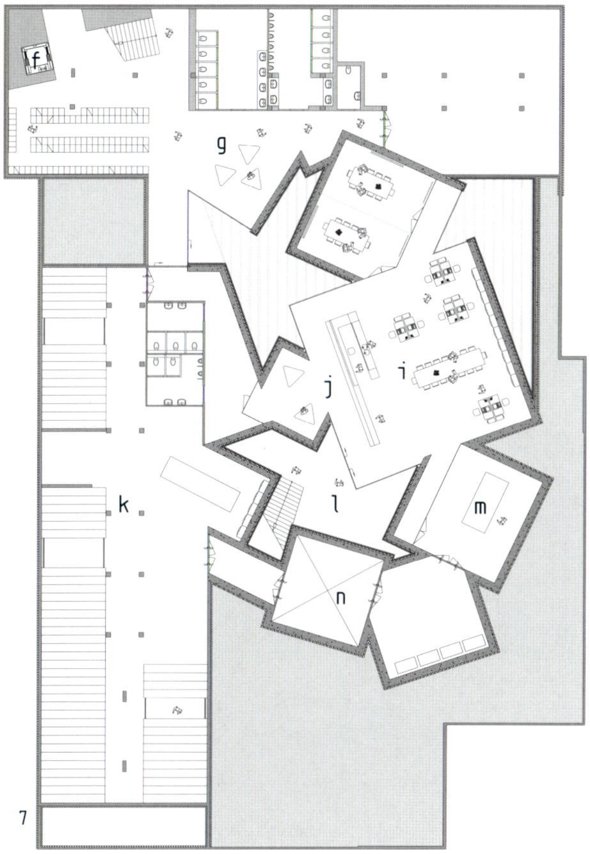

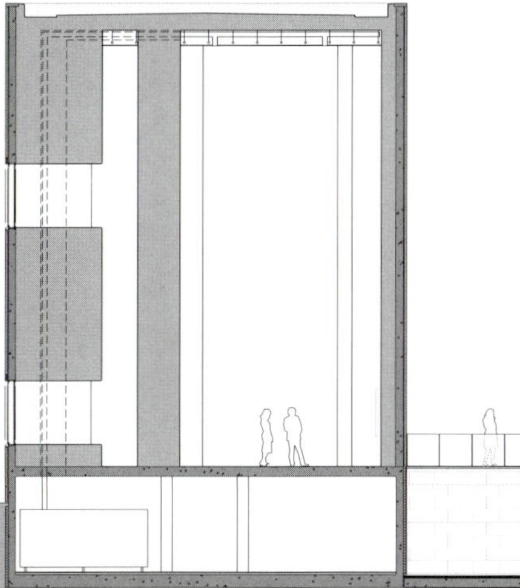

a—entree entrance
b—expositieruimte exhibition space
c—waterspiegel op -3400 mm
   water level at -3400 mm
d—binnenplaats courtyard
e—hefplateau jack-up platform
f—lift lift
g—lounge lounge

h—techniek plant
i—kantoor office
j—balie reception
k—archief archive
l—binnenplaats courtyard
m—restauratieruimte restoration workshop
n—hefplateau jack-up platform

1—Maquette Model
2—Binnenzijde gebouw Interior
3—Doorsnede Section
4—Binnenzijde gebouw Interior
5—Binnenzijde gebouw Interior
6—Plattegrond begane grond Ground floor plan
7—Plattegrond souterrain Basement level
8—Ambassade, ontworpen door Breuer Embassy designed by Breuer

Minke Mulder, Claire Oude Aarninkhof

→15,96

Croproad Park

Ontwerponderzoek naar de implementatie van urban agriculture in de postindustriële stad A landscape-architectural study into implementing urban agriculture in the post-industrial city

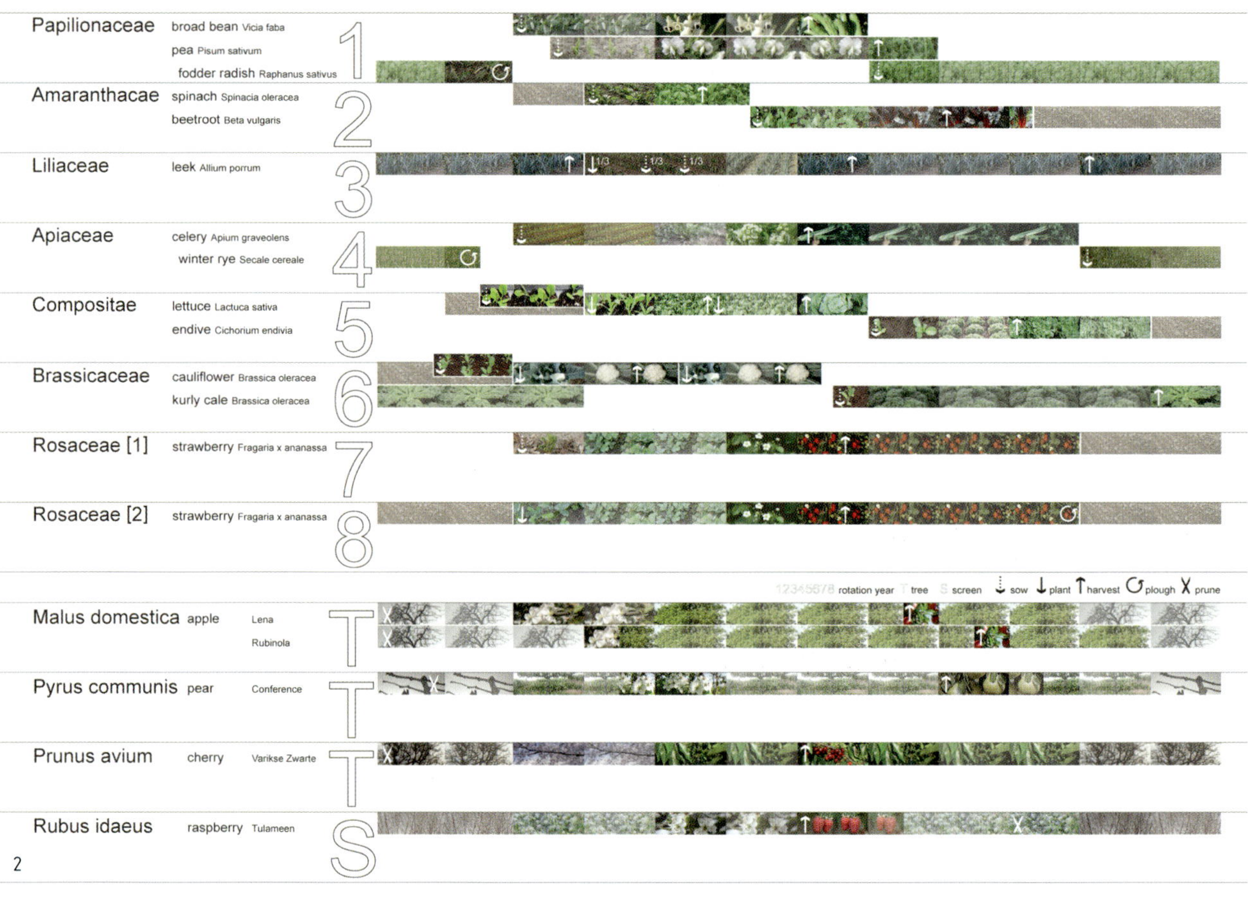

1—Een productief stedelijk landschap: plein, metro en hoofdontsluiting met natuurlijke bermen met een goede habitat voor nuttige insecten. A productive urban landscape: square, metro and main access road with natural verges, a good habitat for useful insects

2—Voorbeelden van fruit en groentesoorten die geschikt zijn voor het Nederlandse klimaat. Door vruchtwisseling kan het hele jaar door geoogst worden. Examples of fruit and vegetables suited to the Dutch climate. Crop rotation enables harvesting all year round

3—Doorsnede, plein met groente markt Section, vegetable market in the square

4—Globale voedselnetwerk, het gemiddelde familie diner legt een reis af van 33.000 kilometer Global food network, the average family dinner makes a journey of 33,000 kilometres

5—Betrokken buurtbewoners, iedereen kan helpen! The locals lend a hand. All help appreciated!

6—Masterplan Masterplan

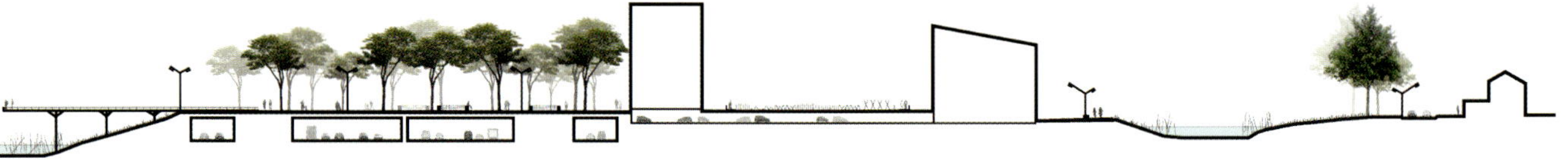

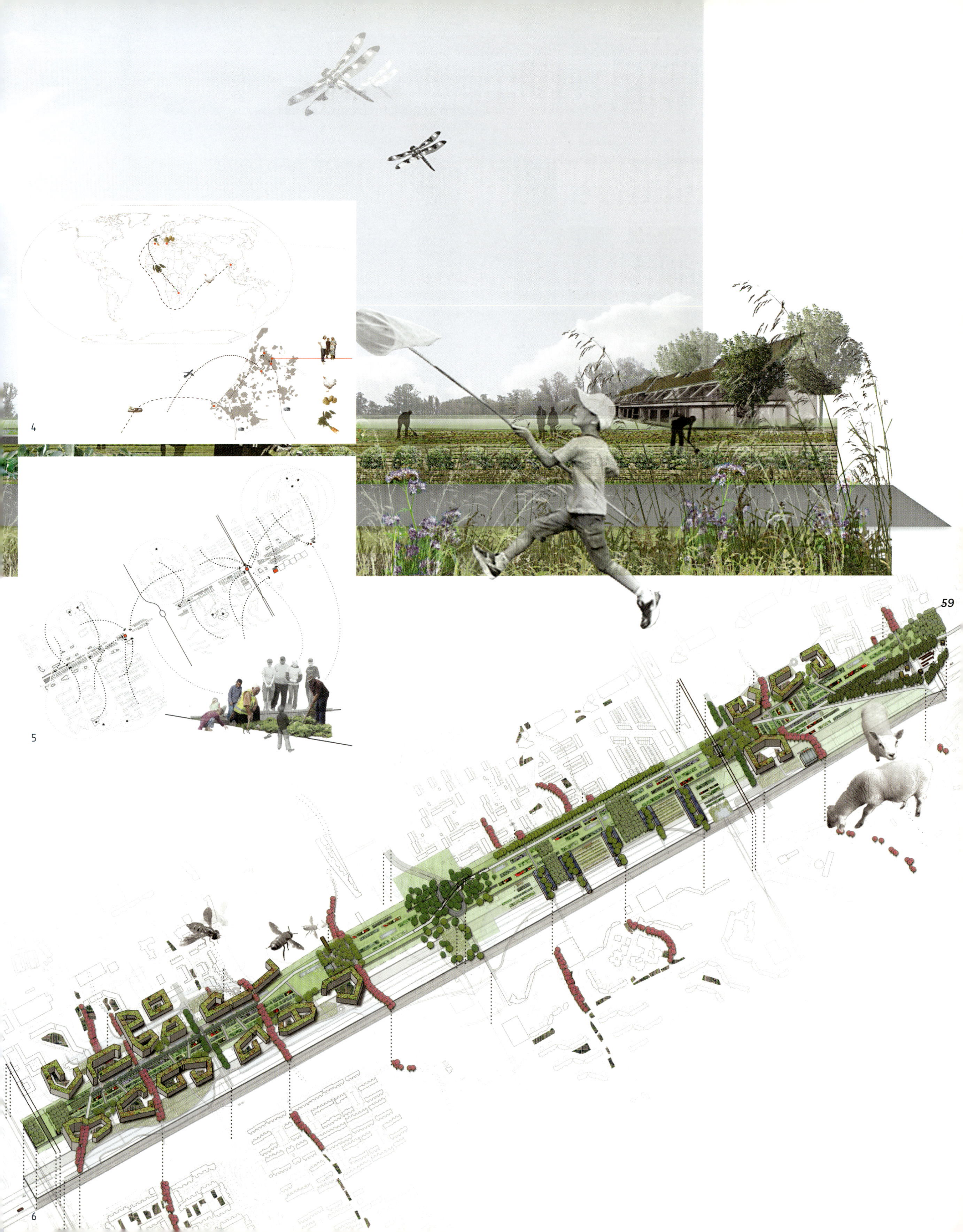

4
5
6
59

Simone Pizzagalli
→16,96

<u>Spaces, Poetics and Voids</u>

Een gevangenis, ontworpen op een braakliggend terrein tussen de City en East-End in Londen, vormt een betekenisvolle pauze in een chaotische wereld en is een interpretatie van de formele taal van de metropool **Designed for a vacant lot between the City and the East End in London, the prison is a meaningful pause in a chaotic world and an interpretation of the formal language of the metropolis**

eerste prijs <u>first prize</u>

62

3

4

5

6

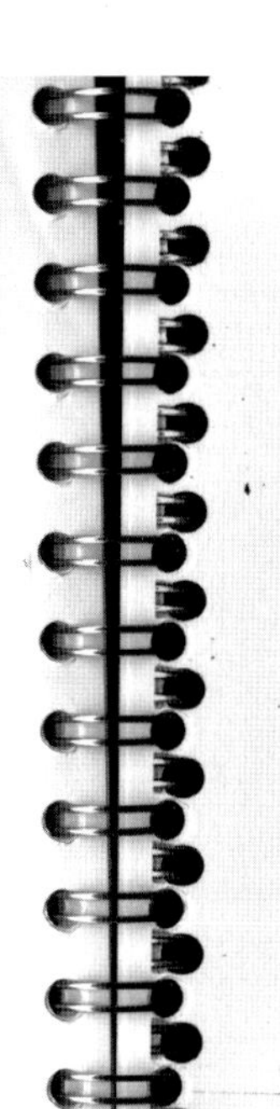

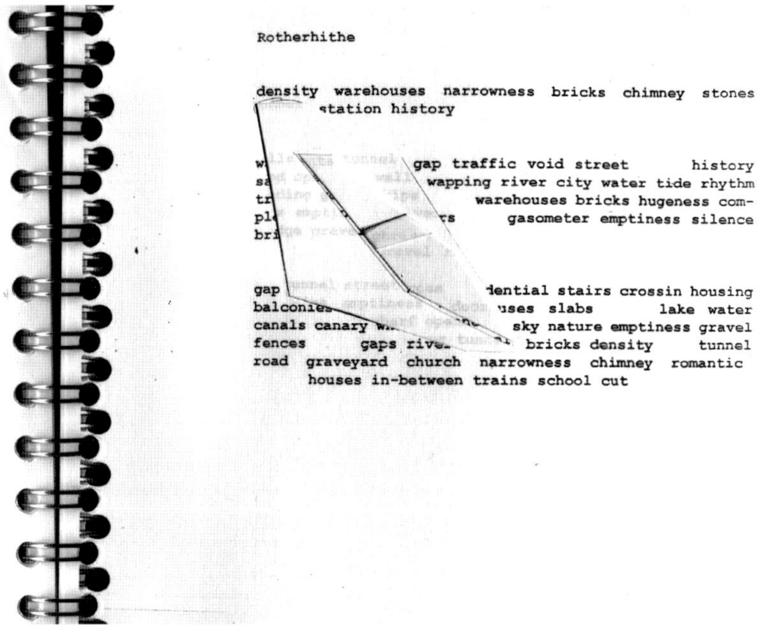

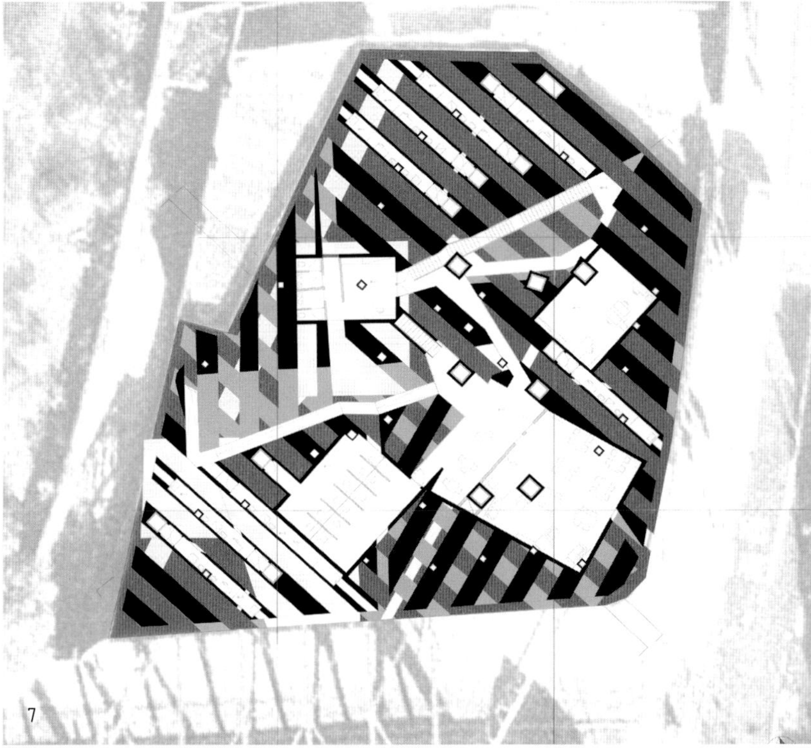

Rotherhithe

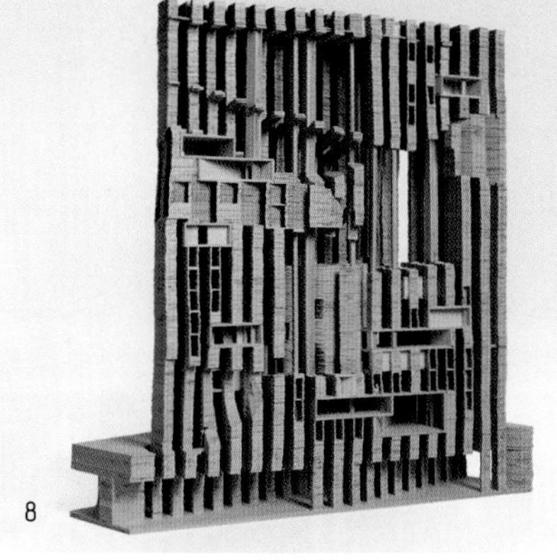

1—Maquette Model
2—Doorsnede naar het oosten gezien Section looking east
3—Maquette Model
4—Doorsnede van een schijf Section through a slab
5—Doorsnede tussen twee schijven Section between two slabs
6—Opeenvolging van ruimten. Het process van uitsnijden en opeenvolgen van de tekstuele basiskaarten
   Sequence of spaces. Cutting and sequencing process of the basic textual maps
7—Plan Plan
8—Maquette Model
9—Interieur van de structuur en recreatieruimte voor gevangenen Interior of structure and prisoners'
   recreation area
10—Perspectief toegangstrap naar de cellen Perspective of stair to the cells

63

10

Lisette Plouvier

→17,96

Het openbare zwembad <u>Public swimming centre</u>

Diverse soorten zwemmers kunnen gelijktijdig terecht in verschillende baden van het zwembad in het IJ midden in Amsterdam <u>A rich mix of pool users can make simultaneous use of the dedicated pools of this swimming centre deep inside Amsterdam in the IJ inlet</u>

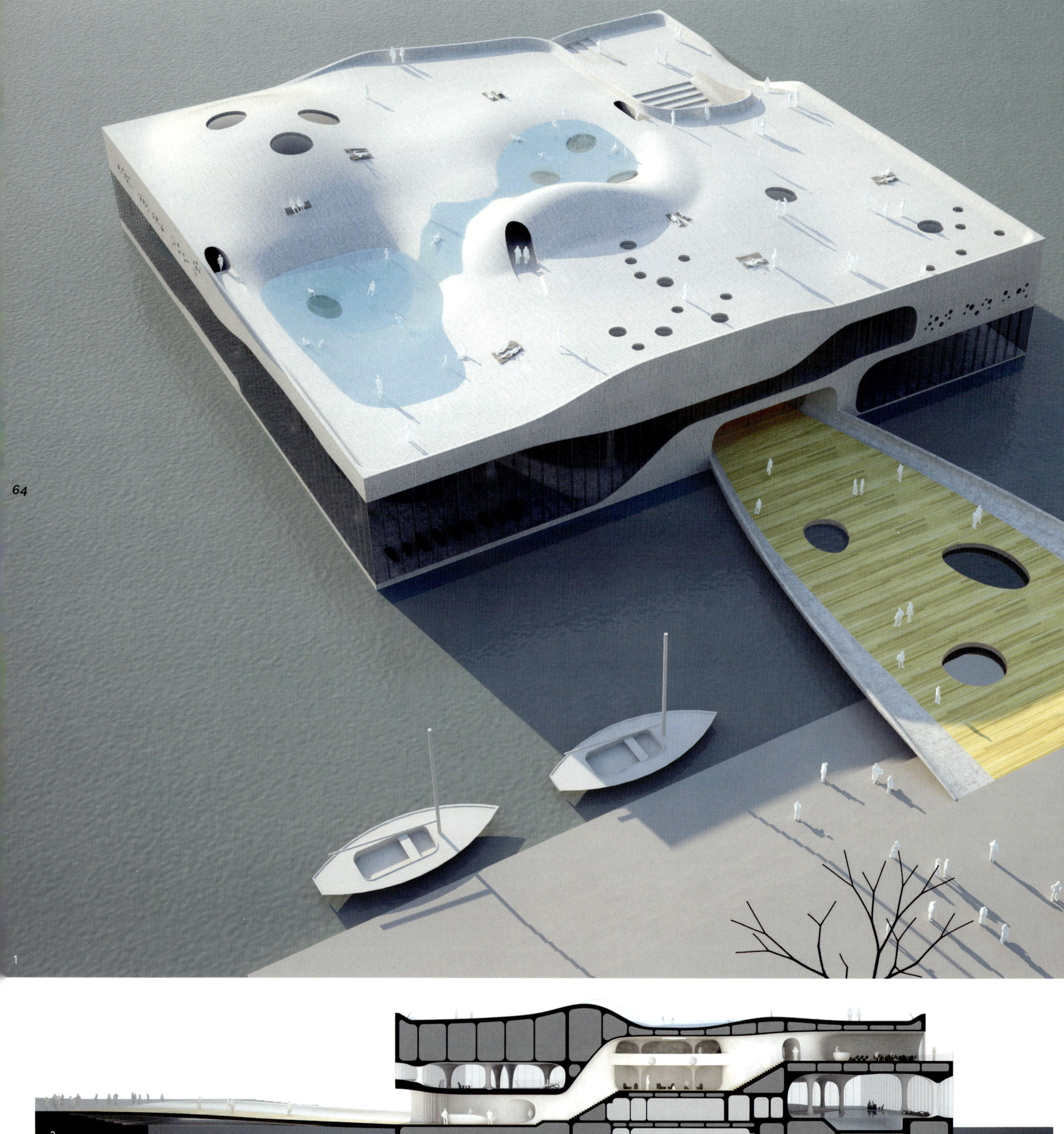

1

2

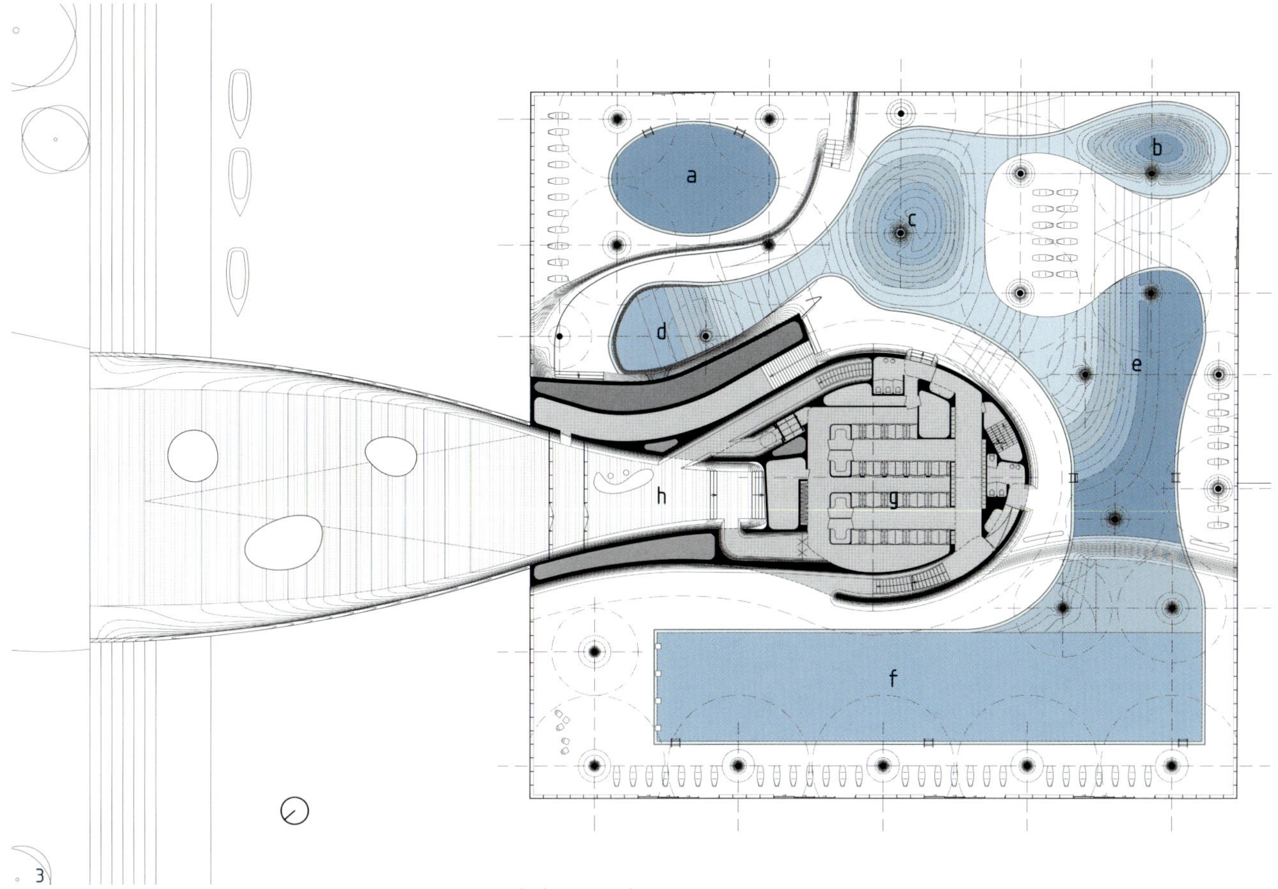

a—groepsbad group pool
b—ligbad relaxing pool
c—speelbad play pool
d—peuterbad toddler play pool
e—diepbad deep pool
f—50-meter bad 50-metre pool
g—kleedkamers recreatie recreation changing rooms
h—entree entrance

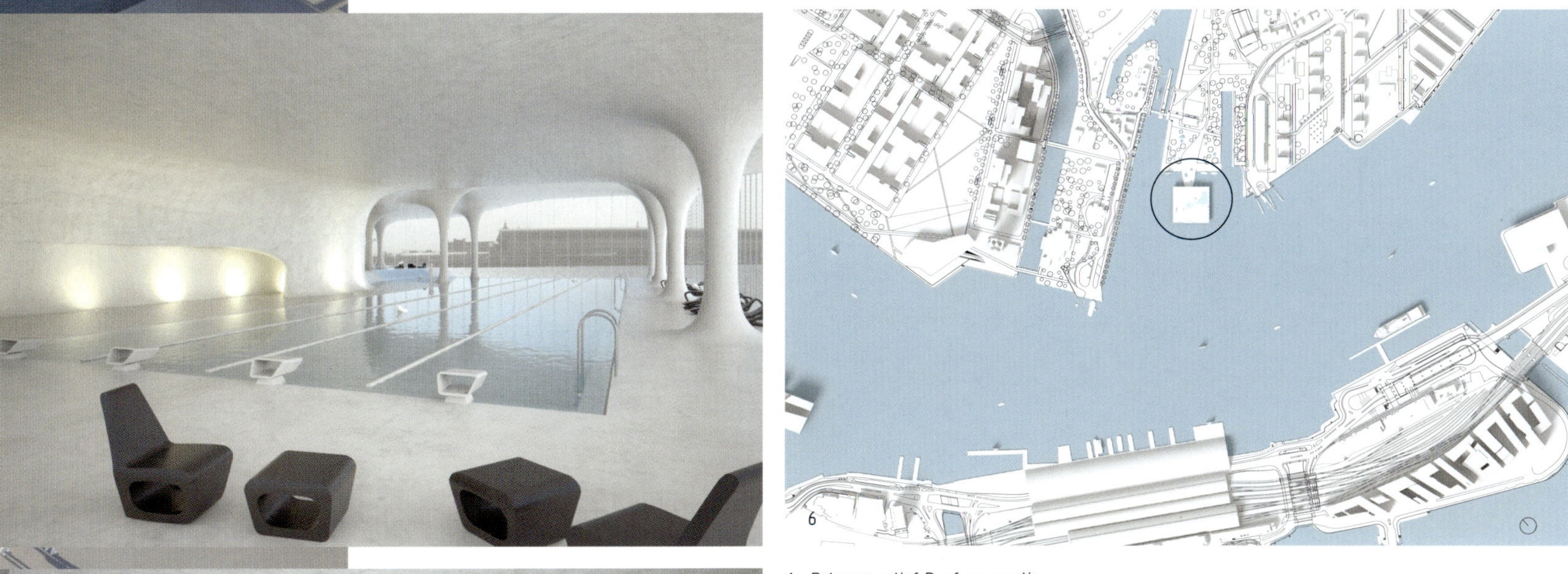

1—Dakperspectief Roof perspective
2—Doorsnede Section
3—Plattegrond: begane grond Ground floor plan
4—50-meter bad 50-metre pool
5—Speelbad Play pool
6—Situatie Site plan

Rolf Reichardt

Mercea Merwede

Multidisciplinaire polikiniek waar de patientgerichte zorg plaatsvindt in een actieve gezond-heidssfeer die uitnodig tot zelfstandige beweging van de gebruiker A multi-disciplinary outpatients' clinic providing a more patient-targeted health care in an active environment, encouraging patients to be more independent

1

2

3

1—Vogelvlucht, gezien vanaf het Merwedekanaal
Aerial view from Merwedekanaal
2—Aanlooproute naar de personeelsentree op het
westen, wacht- en bespreekruimtes liggen
ingebed in de constructie langs de gevel.
Approach route to the staff entrance in
the west, with waiting and interview rooms
embedded in the structure along the facade
3—Hoofdentree voor patiënten en gebruikers op
het oosten Main entrance for patients and
other users in the east
4—Maquette Model
5—Situatie en plattegrond laag 1/0, de groentinten
verlopen van donker naar licht voor openbare
tot besloten functies achterin het gebouw
Building in context and plans of ground and first
floor from dark to light green = from public to
private [rear-of-building] duties
6—Overloop langs het banenbad en welzijnscluster
naar het auditorium [rechts] en de behandel-
ruimtes van het poliklinische cluster [rechtdoor]
Walkway leading past the pool for lane swimming and welfare cluster to the auditorium
[right] and the treatment rooms of the outpatients' cluster [ahead]
7—Specialistische behandelkamers en operatiekamers poliklinische cluster Specialist treatment rooms and operating theatres in the
outpatients' cluster

a—entree entrance
b—winkels shops
c—kennis centrum
    knowledge centre
d—restaurant
    restaurant
e—banenbad pool
    for lane swimming
f—fitness, spinning
    fitness, spinning
g—therapiebad
    therapy pool
h—sauna sauna
i—dokterspost
    doctor's post
j—apotheek pharmacy
k—ééndagsopvang
    one-day outpatient
    service
l—dagverpleging
    day nursing
m—Kanaalweg
    Kanaalweg
n—Merwedekanaal
    Merwedekanaal

Raven Rumes

→18,97

Almere, een schone stad voor 350.000 inwoners
Almere, a fair city for 350,000

Een nieuwe stadsplattegrond voor Almere, opgebouwd aan de hand van de begrippen helderheid, spanning en dynamiek A new urban ground plan for Almere, assembled using the concepts of clarity, tension and dynamics

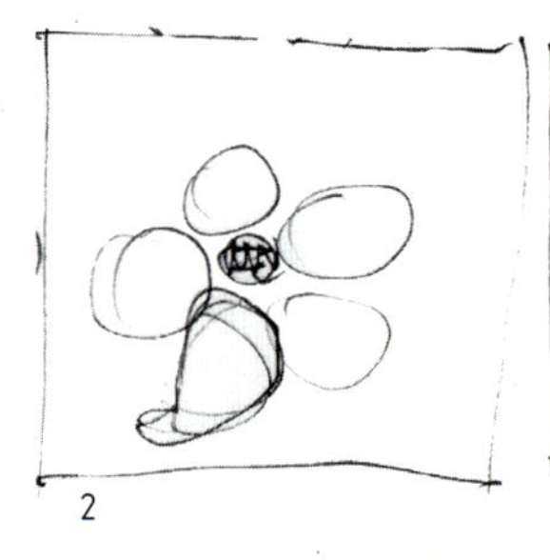

68

1

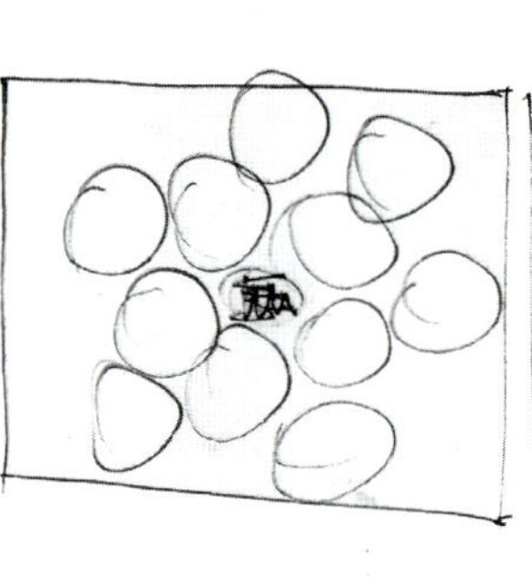

2

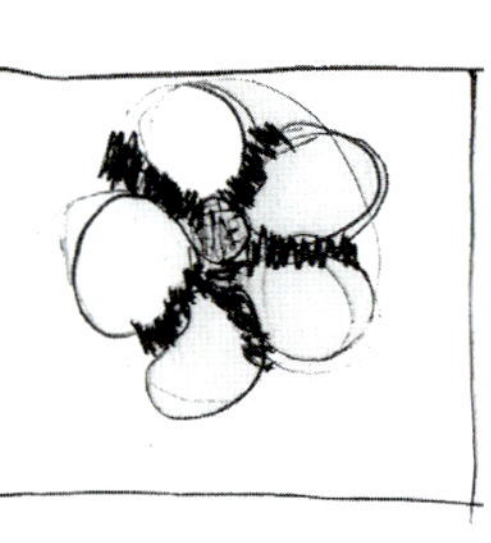

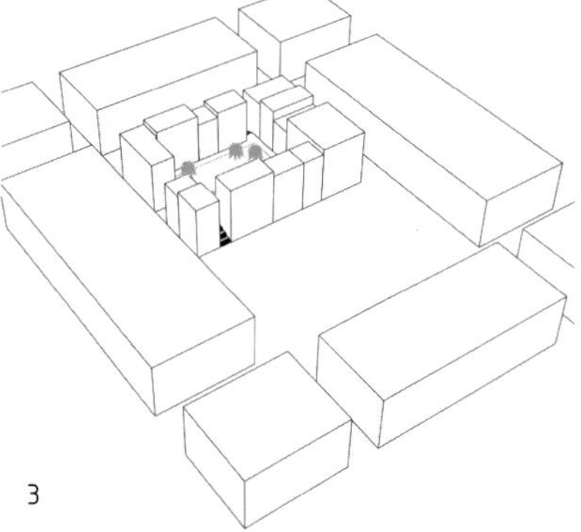

3

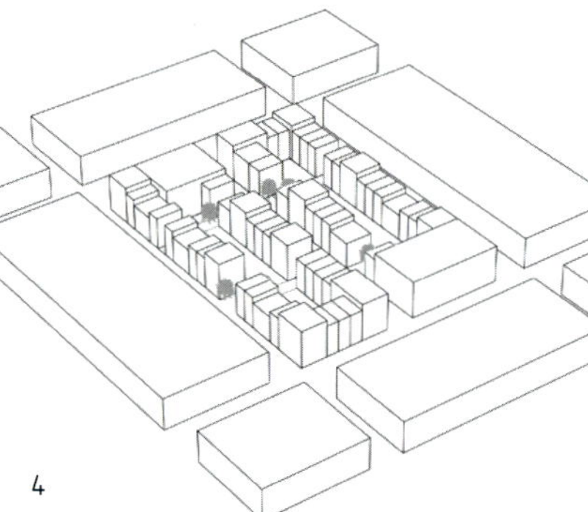

4

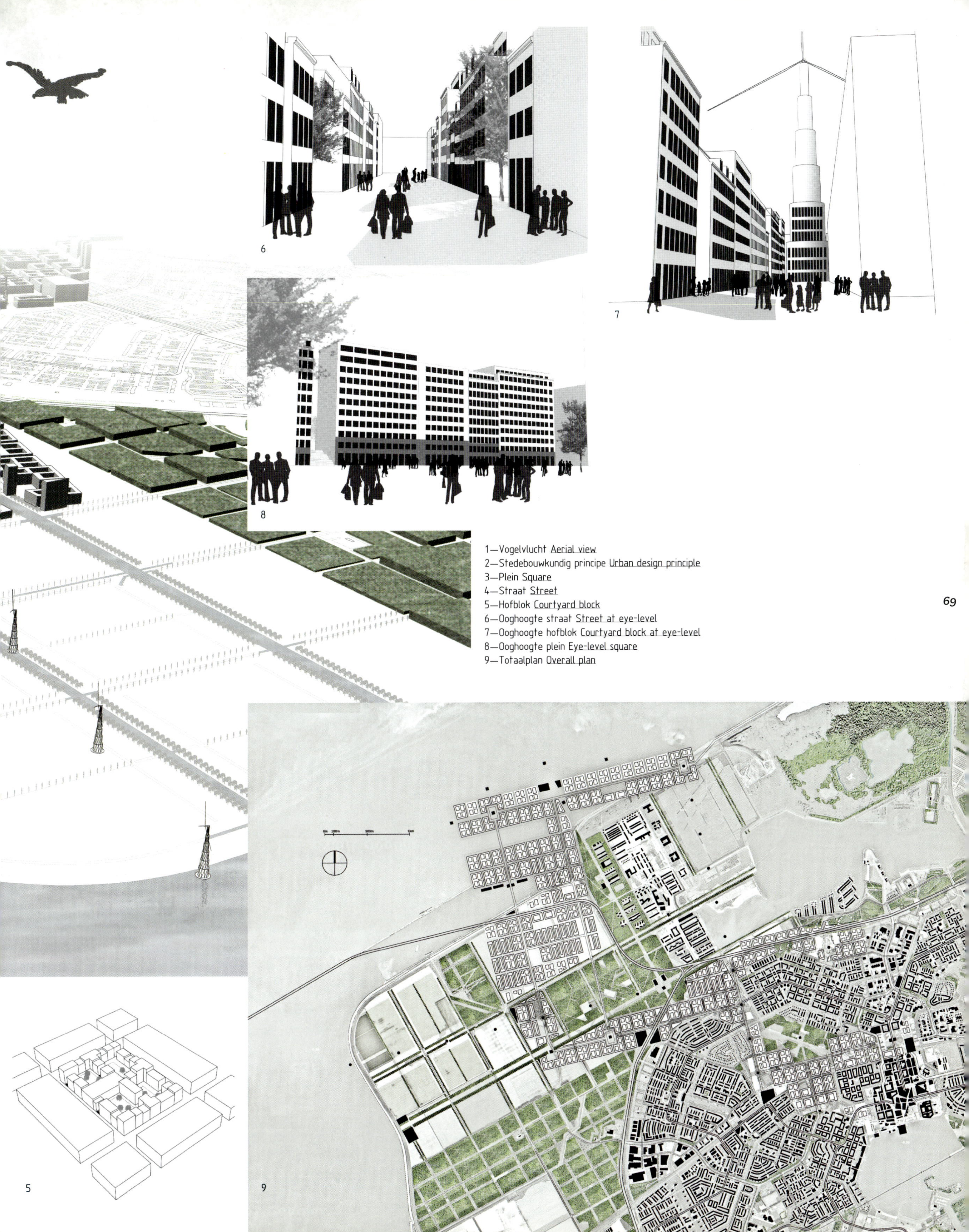

1—Vogelvlucht Aerial view
2—Stedebouwkundig principe Urban design principle
3—Plein Square
4—Straat Street
5—Hofblok Courtyard block
6—Ooghoogte straat Street at eye-level
7—Ooghoogte hofblok Courtyard block at eye-level
8—Ooghoogte plein Eye-level square
9—Totaalplan Overall plan

69

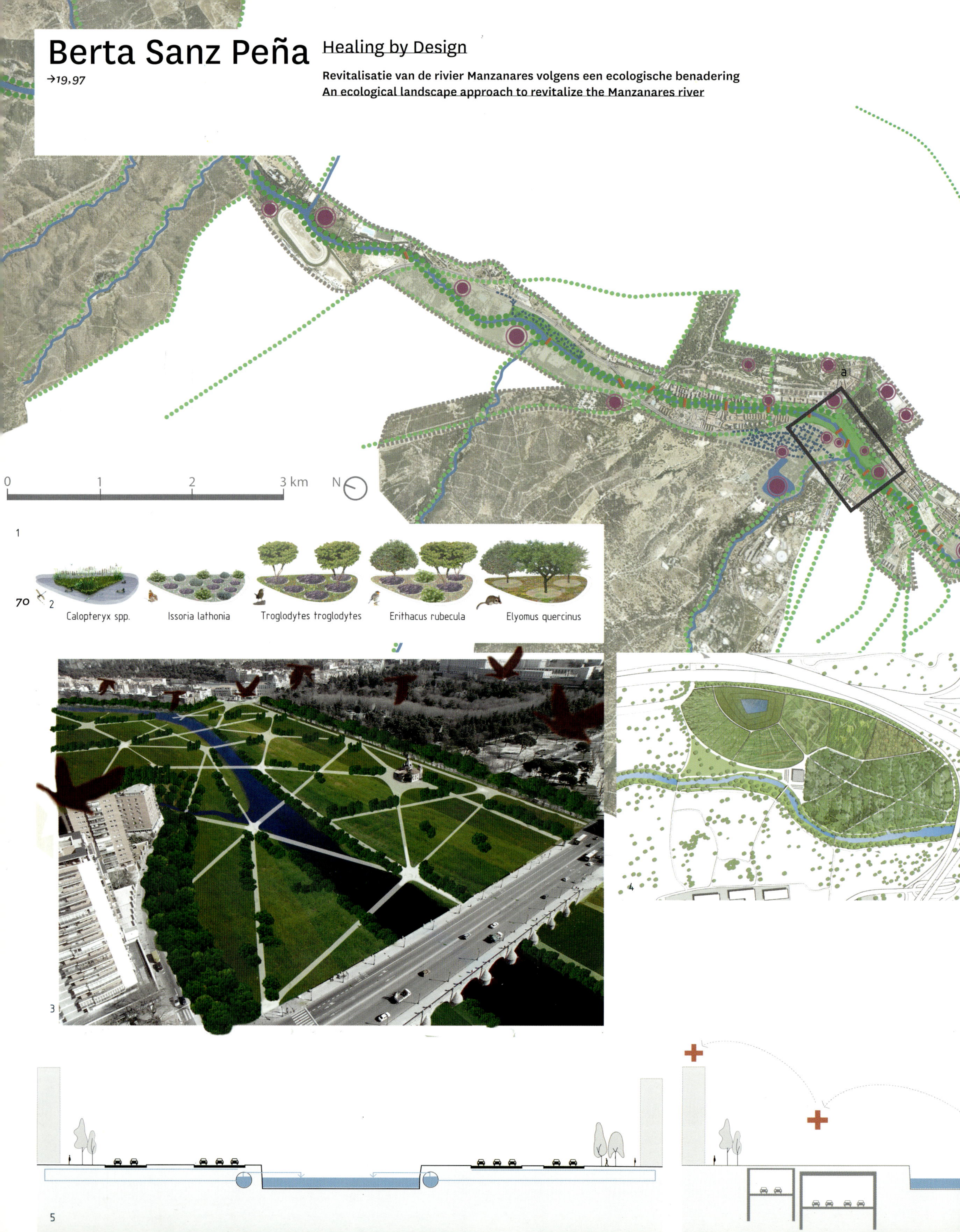

Berta Sanz Peña

→19,97

Healing by Design

Revitalisatie van de rivier Manzanares volgens een ecologische benadering
An ecological landscape approach to revitalize the Manzanares river

0   1   2   3 km   N

1

70

2

Calopteryx spp.   Issoria lathonia   Troglodytes troglodytes   Erithacus rubecula   Elyomus quercinus

a

3

4

5

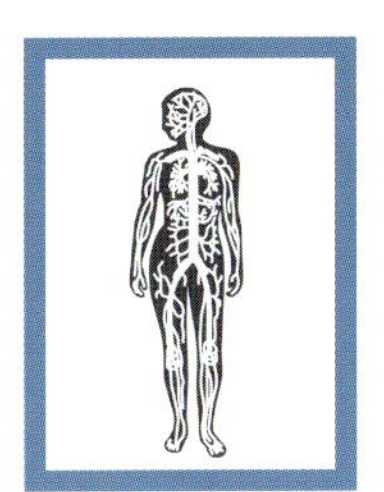 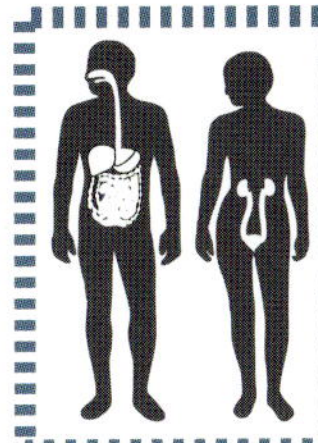 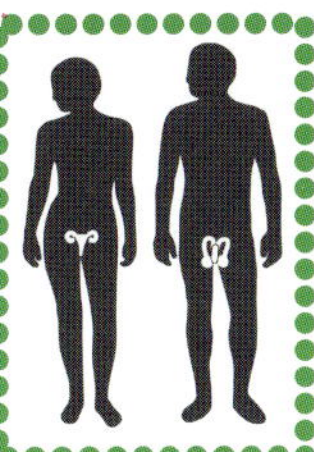 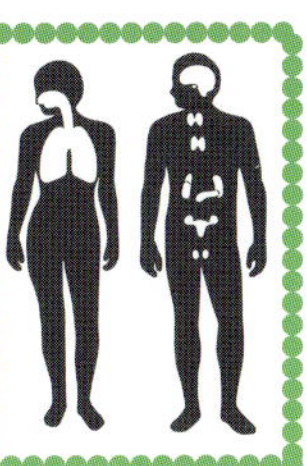 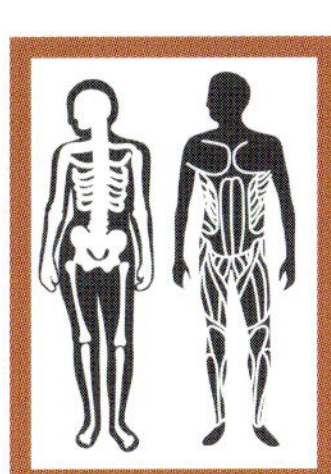 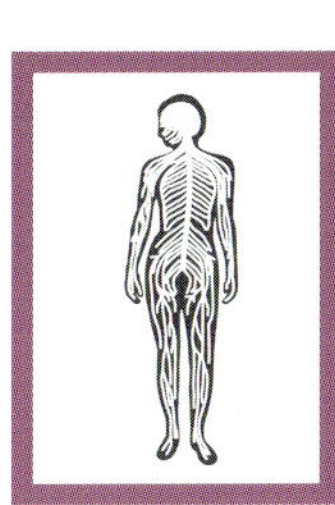

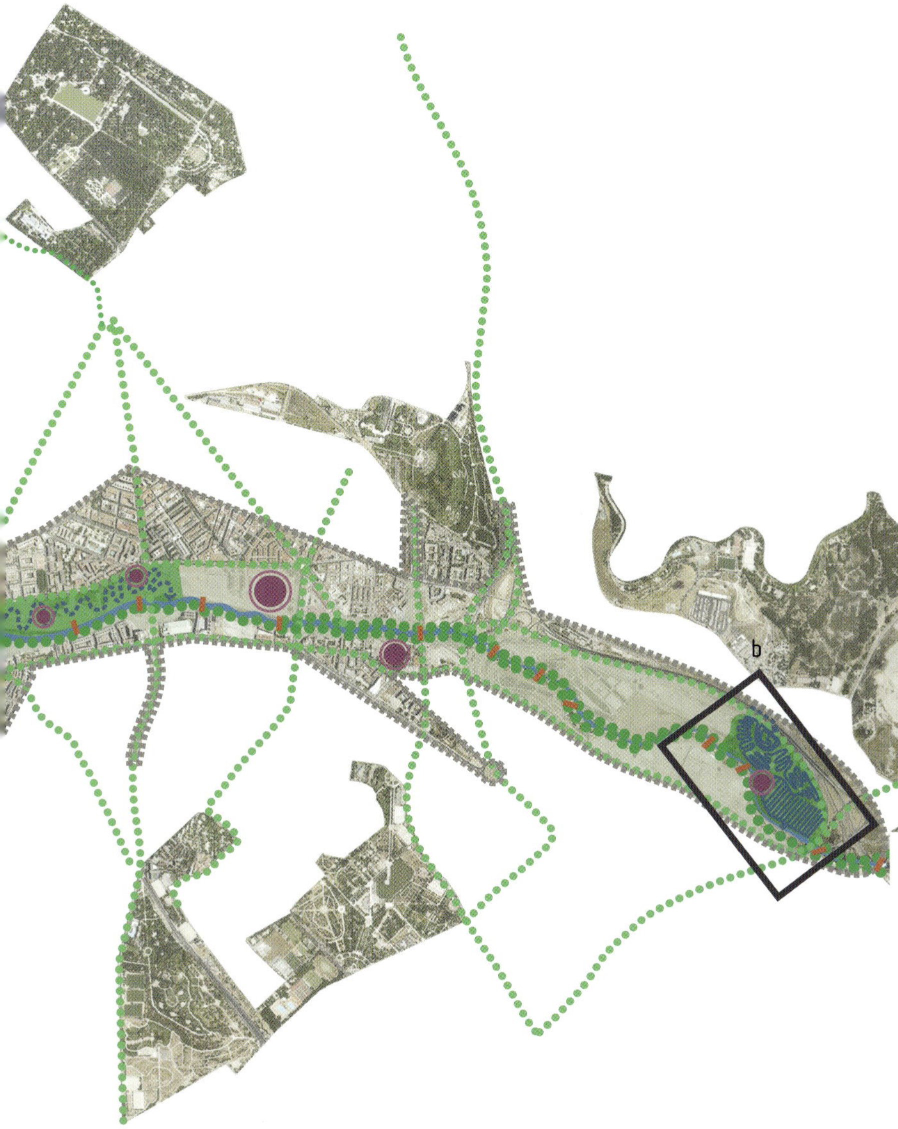

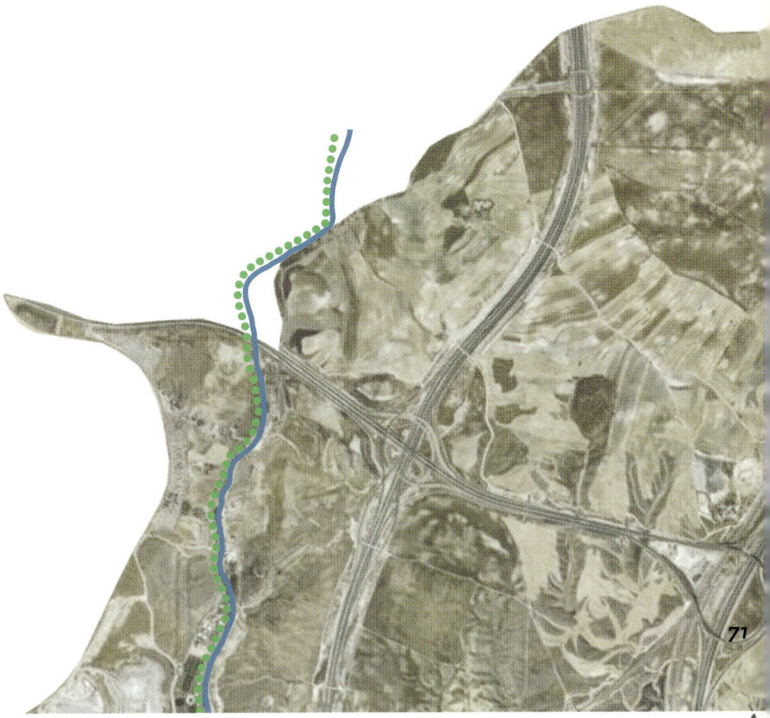

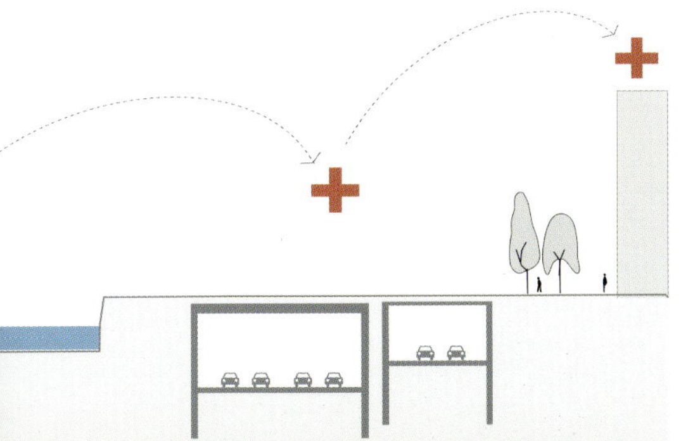

1—Healing plan Healing plan
2—Ecologisch netwerk voorziet in habitats voor verschillende dieren
Ecological network provides habitats for assorted fauna
3—Neuraal netwerk langs de oevers van de Manzanares Neural network along
the banks of the Manzanares
4—Park Manzanares Zuid, masterplan locatie afvalwaterzuivering Santa
Catalina Park Manzanares South, site masterplan of Santa Catalina
wastewater
5—Conceptdoorsnede Conceptual section
6—Impressie Impression

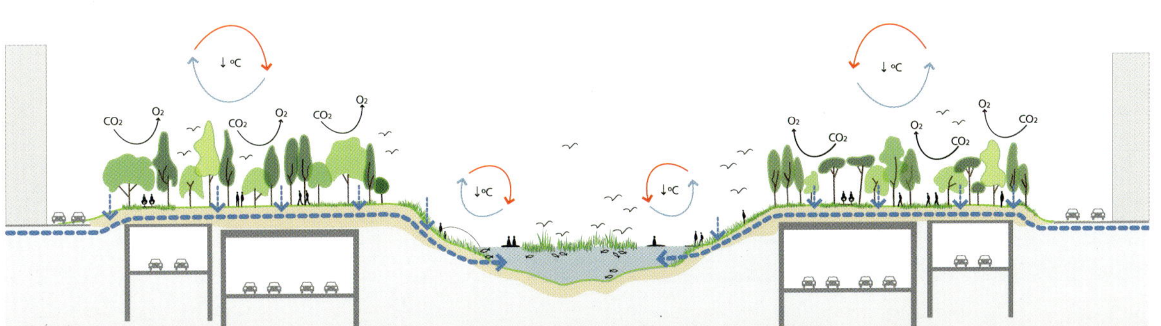

Hein Smedts

An Urban Montage, crossing familiar strangers

In de zone tussen het spoor en de A2 wordt de kwaliteit van 'onbestemde zone' in Maastricht geïntroduceerd The quality of 'undefined space' is introduced to Maastricht in the zone between the railway and the A2

1—Urban void Urban void
2—Layer-cake horizon Layer-cake horizon
3—Logo city Logo city
4—Skelet Skeleton
5—Maquette Model
6—Snede Cut
7—Hoek Corner
8—Muur Wall

5

73

6

7

8

Dawid Strebicki

→20,98

School in Amsterdam <u>School in Amsterdam</u>

Middelbare school aan het IJ-plein in Amsterdam noord <u>A secondary school on IJ-plein in Amsterdam-Noord</u>

a—Fronleichnamskirche, Aken, Rudolf Schwarz <u>Fronleichnamskirche, Aachen, Rudolf Schwarz</u>
b—Venetië, Italië <u>Venice, Italy</u>
c—Dominicaans Moederhuis, Louis Kahn <u>Dominican Motherhouse, Louis Kahn</u>
d—Rome, Italië <u>Rome, Italy</u>
e—Sondrio, Italië <u>Sondrio, Italy</u>
f—Brion tombe, San Vito d'Altivole, Carlo Scarpa <u>Brion-Vega Cemetery, San Vito d'Altivole, Carlo Scarpa</u>
g—Villa Badoer, Andrea Palladio <u>Villa Badoer, Andrea Palladio</u>
h—Canova beeldengalerij, Carlo Scarpa <u>Canova Sculpture Gallery, Carlo Scarpa</u>
i—meerfamiliehuis, Flims, Zwitserland, Rudolf Olgiati <u>multi-family house, Flims, Switzerland, Rudolf Olgiati</u>
j—kanaalhuis, Gent, België <u>canal house, Ghent, Belgium</u>
k—lagere school, Legnica, Poland <u>primary school, Legnica, Poland</u>

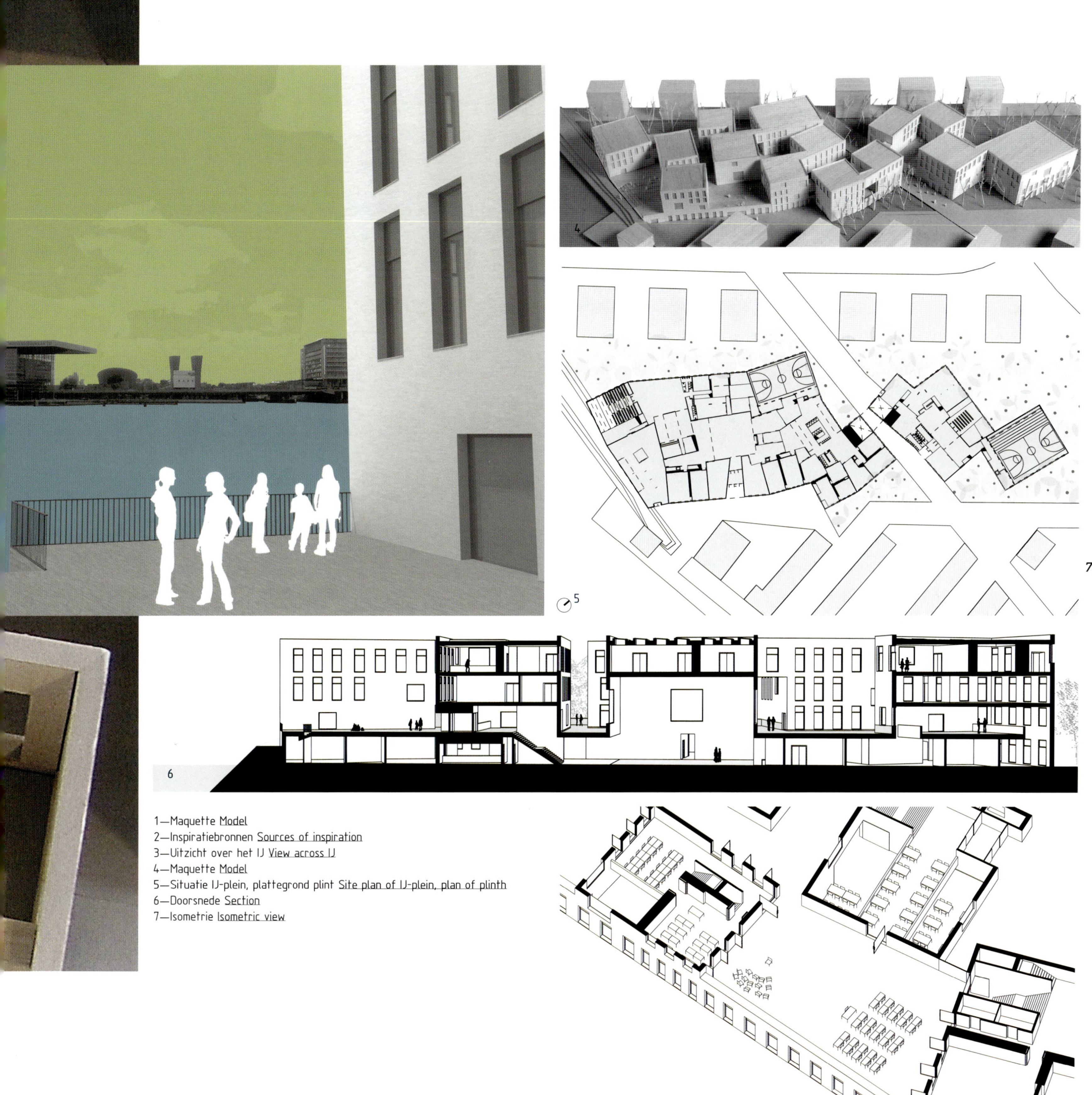

1—Maquette Model
2—Inspiratiebronnen Sources of inspiration
3—Uitzicht over het IJ View across IJ
4—Maquette Model
5—Situatie IJ-plein, plattegrond plint Site plan of IJ-plein, plan of plinth
6—Doorsnede Section
7—Isometrie Isometric view

Derk van der Velden
→21,98

De Resonator The Resonator

Een 42 km lange dam versterkt door middel van resonantie het getij in de Wadden-zee waardoor het ondanks de stijging van de zeespiegel mogelijk blijft om water uit het IJsselmeer op het Wad te lozen A 42-km-long dam strengthens the tides in the Wadden Sea by means of wave resonance so that water from IJsselmeer can continue to be discharged into the Wadden Sea despite the rising sea level

eervolle vermelding honourable mention

a—Texelstroom Texelstroom channel
b—Lelybrug Lelybrug
c—Lorentzstrand Lorentz Beach
d—Lorentzsluizen Lorentz Locks
e—Makkum Makkum
f—Steenplaat Archipel Steenplaat Archipel
g—Binnenwad Binnenwad
h—Fries Randmeer Fries Randmeer
i—Workum Workum
j—Hindeloopen Hindeloopen
k—Stevin Sluizen Stevin Locks
l—Den Oever Den Oever
m—Stevinstrand Stevin Beach
n—Wieringer randmeer Wieringer Randmeer
o—Kwelders van de Wieringer Vlaak Salt marshes of Wieringer Vlaak
p—Platen van Breezand Shoals of Breezand
q—Verlengde Texelstroom Extended Texelstroom
r—Friese Duinen Frisian dunes
s—Rietlanden van de Wieringer Vlaak Reedlands of Wieringer Vlaak
t—Resonatorbaken Observation point
u—Stevinmeer Stevinmeer
v—Resonator sluis Resonator Lock
w—Kreilerbaai Kreilerbaai
x—Veerpont Ferry
y—Dwarsligger Wave-breaking island
z—Stavoren Stavoren

a
k
l
m
n
o
p
s
t
u
v

76

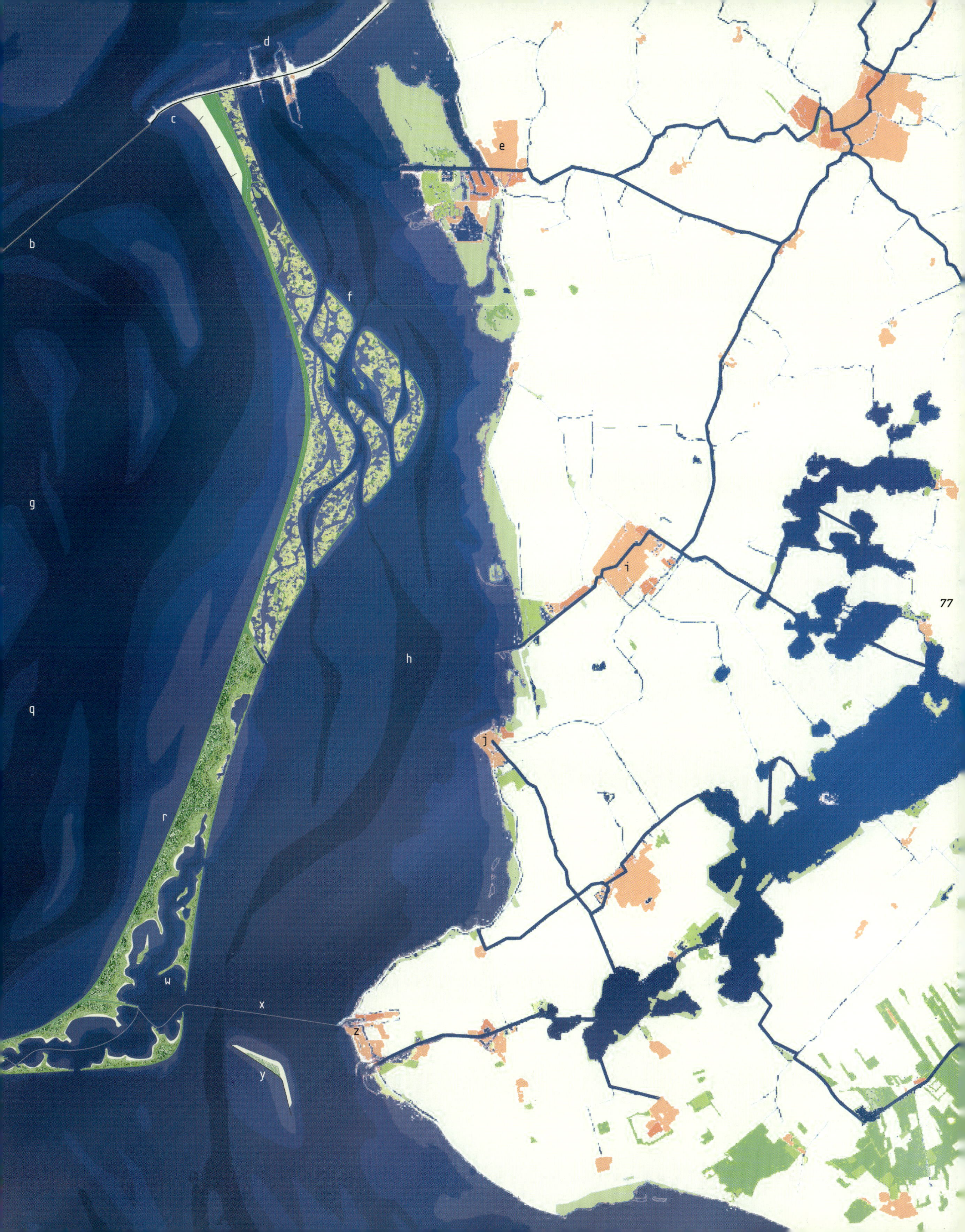
b
c
d
e
f
g
h
i
j
q
r
w
x
y
z
77

1—Plankaart *Map of planning area*

2—Ontwikkelingsreeks monument: Onder invloed van sedimentatie bij lage stroomsnelheden ontstaan droogvallende platen met slenken en mosselbanken. [Bij aanvang, na 10 jaar, na 30 jaar] *Evolution of Binnenwad: Sedimentation through low rates of flow throws up ebb-tidal shoals with channels and mussel banks. [Initially, after 10 years, after 30 years]*

3—Doorsnede Kreilerbaai *Section through Kreilerbaai*

4—Ontwikkelingsreeks Kreilerbaai: Onder invloed van luw zoet water en menselijke ingrepen ontstaat een duinlandschap met recreatieve voorzieningen. [Bij aanvang, na 10 jaar, na 30 jaar] *Evolution of Kreilerbaai: Calm freshwater and human interventions are prime movers in producing a dune landscape with recreational facilities. [Initially, after 10 years, after 30 years]*

5—Doorsnede Wieringer Vlaak *Section through Wieringer Vlaak*

6—Ontwikkelingsreeks Wieringer Vlaak: Onder invloed van getijden en brak water ontstaat een dynamisch kwelderlandschap. [Bij aanvang, na 10 jaar, na 30 jaar] *Evolution of Wieringer Vlaak: Tides and brackish water generate a dynamic landscape of salt marshes. [Initially, after 10 years, after 30 years]*

7—Doorsnede Steenplaat Archipel *Section through Steenplaat Archipel*

8—Ontwikkelingsreeks Steenplaat archipel: Onder invloed van luwte en ondiep zoet water ontstaan rietmoerassen en moerasbossen. [Bij aanvang, na 10 jaar, na 30 jaar] *Evolution of Steenplaat Archipel: Mild conditions and shallow freshwater contribute to the emergence of reed marshes and marshy woodland. [Initially, after 10 years, after 30 years]*

9—Resonatorbaken *Observation point*

A New Breed of Building

Zonder de bestaande identiteit geweld aan te doen wordt de gelaagdheid van de wijk Aldgate in Londen vergroot door de toevoeging van een deels ondergronds gesitueerd bouwvolume
A partly underground block that increases the layering in the Aldgate area of London without adversely affecting the received identity

1—Maquette Model
2—Woonyard Residential yard
3—De steeg tussen twee gebieden is de plek van de eerste moord van Jack de Ripper. Alle gebouwen die er stonden zijn bewaard en de steeg is hersteld. The alley between two areas is the scene of Jack the Ripper's first murder. All buildings which stood there then have been preserved and the alley reinstated.
4—Impressie verdiepte deel Impression of sunken section
5—Impressie verdiepte deel Impression of sunken section
6—Plattegronden Floor plans

7—Doorsnede: Links de bazaar, club, wellness, zwembad en uitgang van de metro. Rechts het rustige gebied om te wonen voor families. Elke woning bereik je via een brug die de koppeling vormt tussen privaat en publiek. Section Left, the bazaar, club, fitness gym, swimming pool and metro exit. Right, the tranquil residential area for families. Each dwelling is reached across a bridge linking private and public realms.

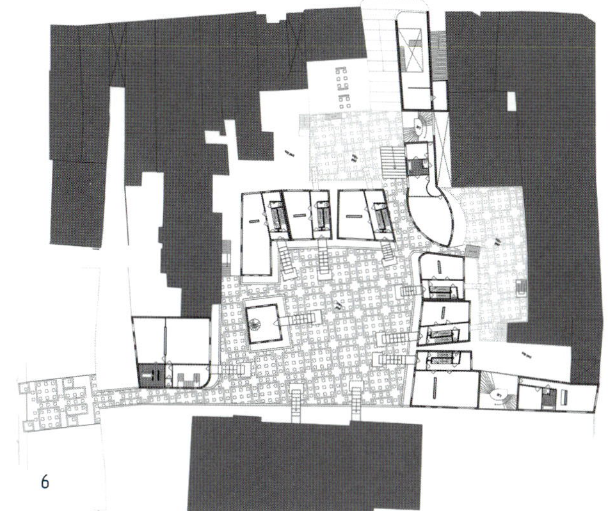

6

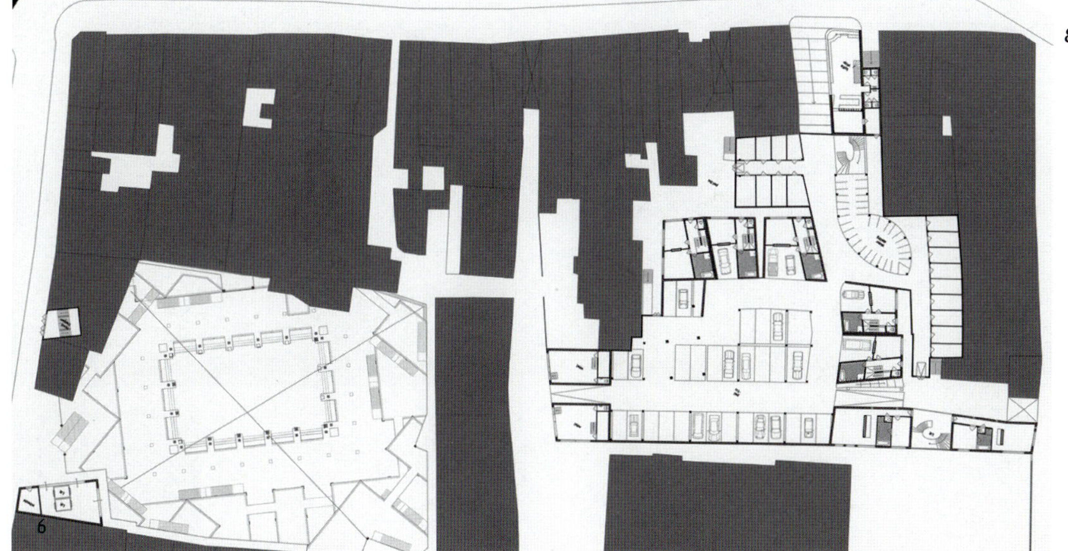

6

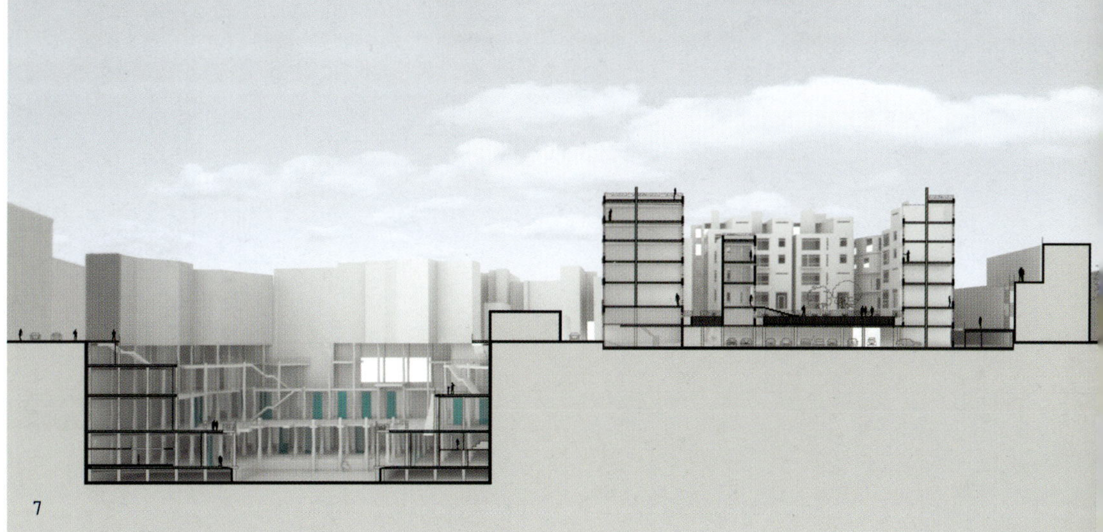

7

Ke Zou

Transportation Hub

De hub is geprojecteerd op station Rotterdam Centraal en reageert op fysieke bewegingen en fluctuaties in de informatiestroom Projected onto Rotterdam Central Station, the hub reacts to physical movements and fluctuations in the flow of information

1—Vogelvlucht Aerial view
2—De hub ingeplugd in het stedelijk weefsel van Rotterdam The hub plugged into the urban fabric of Rotterdam
3—Maquette Model
4—De ballonstok constructie van het dynamische dak faciliteert real-time transformaties Balloon stick structure of the dynamic roof enables real-time transformations
5—Draagstructuur bekleed met beeldschermen die reageren op de bezoekersstromen Supporting structure clad with VDU screens which respond to visitor flows

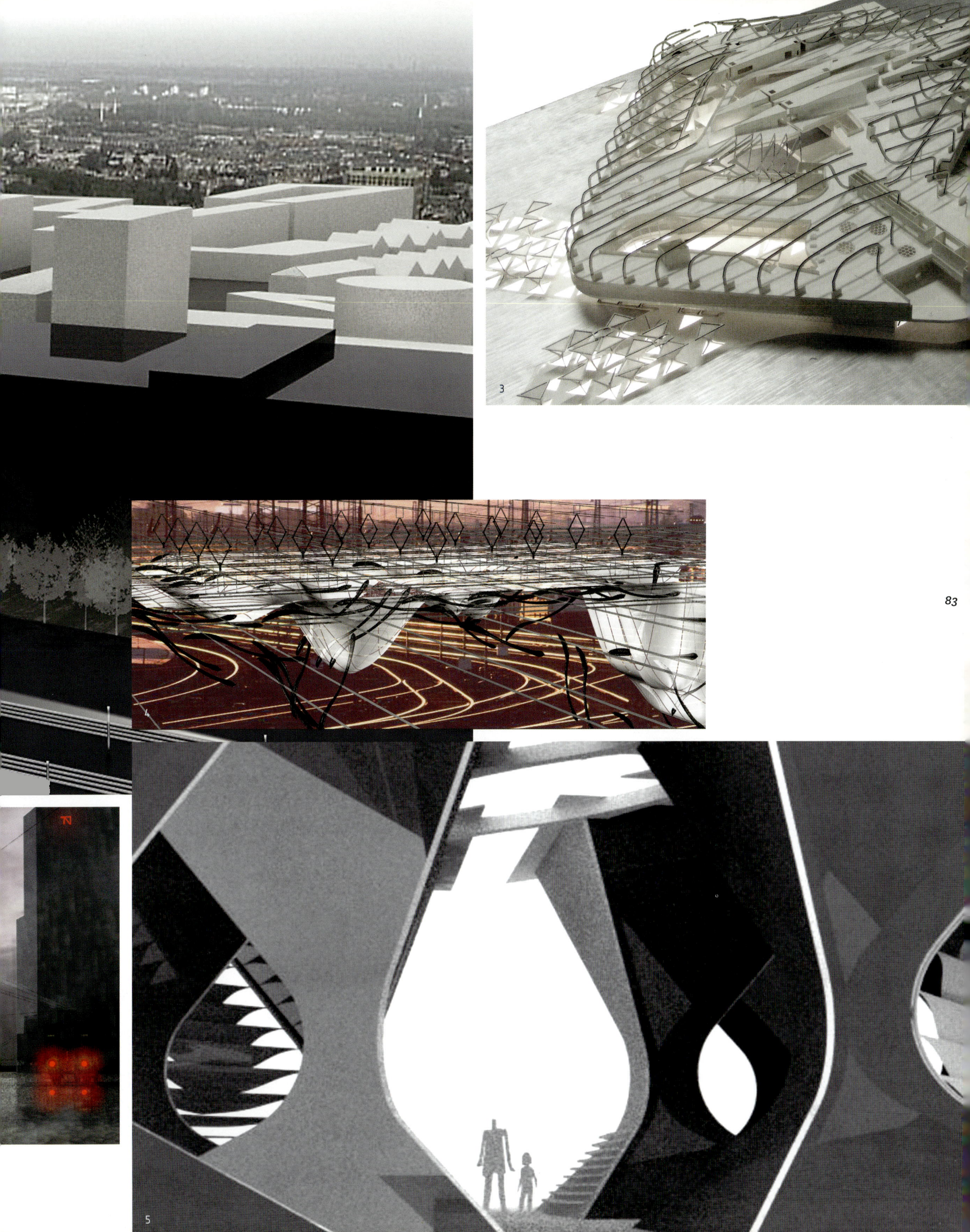

3

Jeroen Zuidgeest

Give me back my freedom!

Ontwerp voor het Easy kantoor, door een radicale vereenvoudiging en optimalisering van het standaard kantoor ontstaat een hoogwaardige werkomgeving met veel individuele vrijheid A design for an Easy office, whose radical simplification and optimization of the standard office generates a high-quality work environment with a large measure of individual freedom

1—Maquette Model
2—Baaien Bays
3—Restaurant Restaurant
4—Lobby Lobby
5—Standaard verdieping Typical upper floor
6—Trapvide Stairwell
7—Balkon Balcony
8—Het easy kantoor The easy office

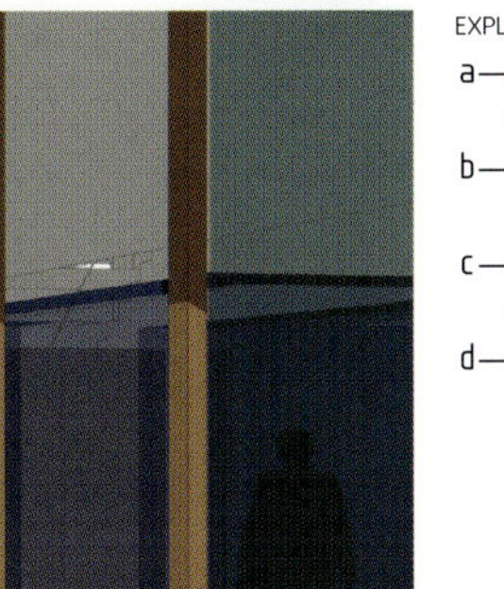

EXPLODED VIEW

a—REK de constructieve elementen
  RACK structural elements
b—ATMOSFEER de klimaatregulerende elementen
  ATMOSPHERE climate-control elements
c—MACHINERIE de logistieke elementen
  MACHINERY logistic elements
d—ACTIVATORS de programmatische elementen
  ACTIVATORS programmatic elements

e—windscherm wind shield
f—lichtbaaien light bays
g—trapvides stairwells
h—serviceschachten service shafts
i—pergola pergola
j—counter foyer counter foyer
k—databox databox
l—rek rack
m—monitor monitor

n—businessfoyer, versnellers
  business foyer, accelerators
o—schoorstenen, windgaten chimneys, wind holes
p—stabilisatoren stabilizers
q—liftschachten lift shafts
r—brise soleil balkons brise-soleil balconies
s—shortcut shortcut

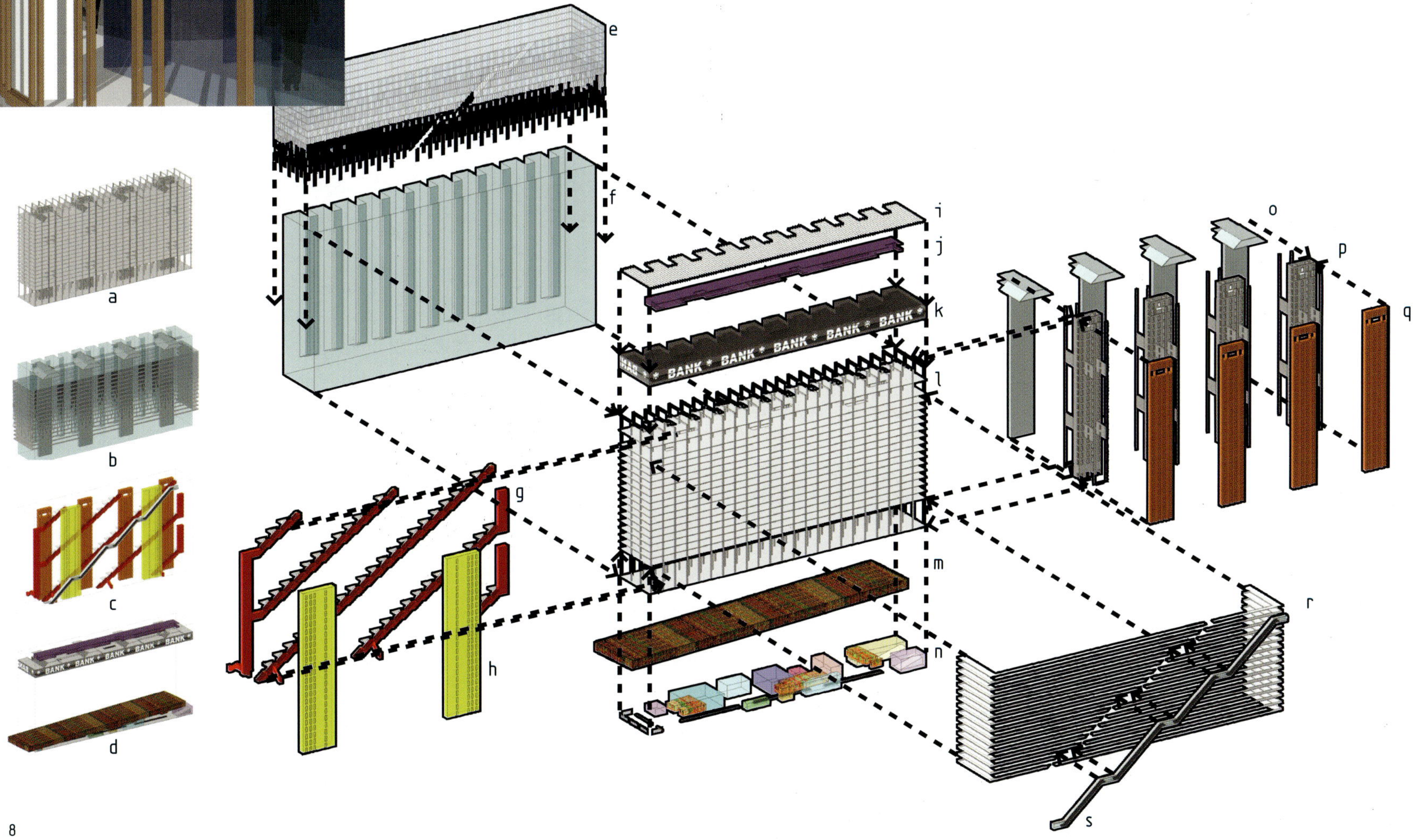

8

Pieter Bas Zwaga

Nieuw Fries Museum, gebouwd behoud New Frisian Museum, conservation through construction

Het nieuwe museumconcept is gebaseerd op publiek toegankelijke depots en wordt gekenmerkt door een karakteristieke vakkenstructuur waarin de collectie geëxposeerd wordt
A new museum concept based on open storage and marked by a layout in compartments for exhibiting the collection

1—Impressie werkplek in depot Impression of workplace in storage area
2—Letterbak als privé museum Type case as personal museum
3—Impressie gebouw op plein Impression of building on square
4—Perspectivische doorsnede Perspective section
5—Plattegrond niveau 2 Plan of level 1
6—Maquette Model

4

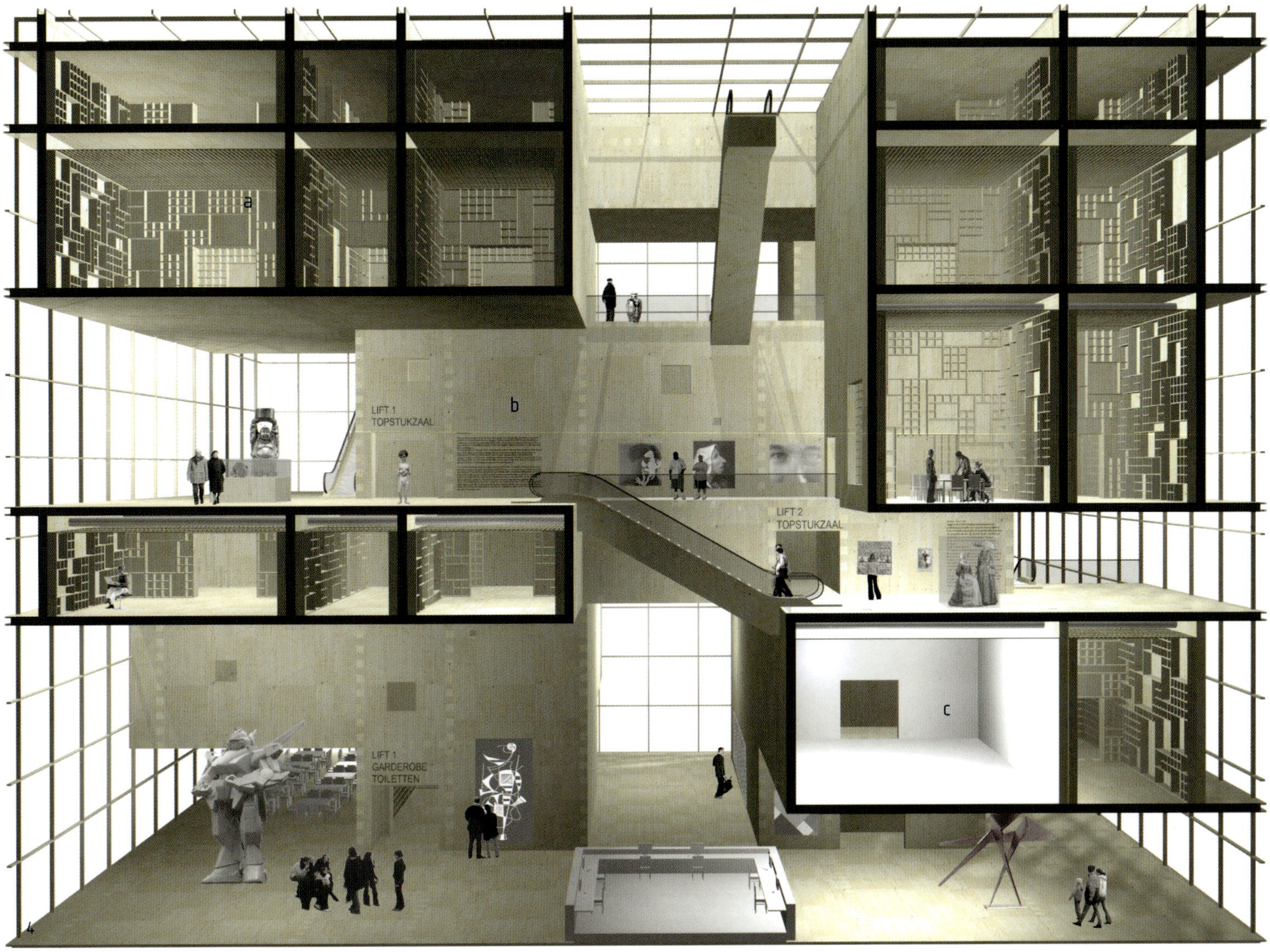

a—open depot open storage
b—expositieruimte exhibition space
c—topstukzaal museum highlights

5

6

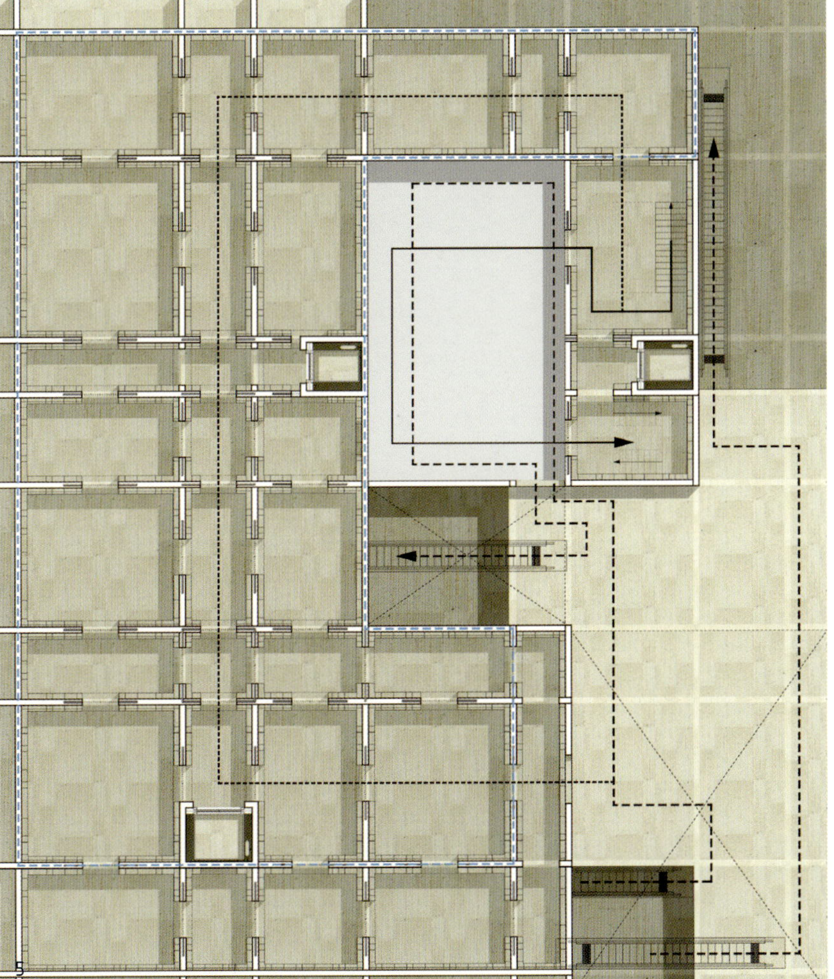

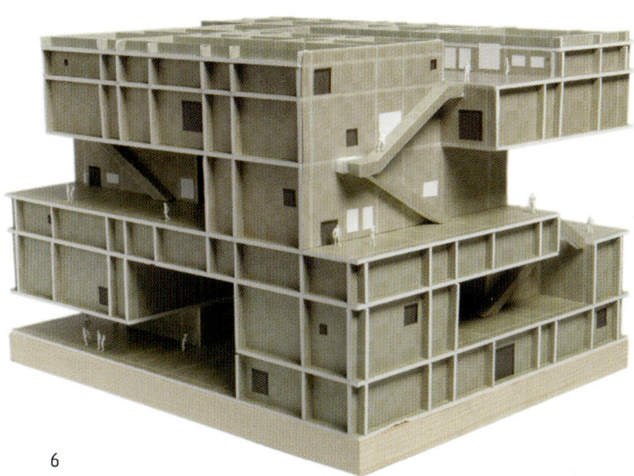

Juryrapport
Jury report

Inzendvoorwaarden

Jaarlijks selecteren de Nederlandse masteropleidingen met de afstudeerrichtingen architectuur, stedebouw en/of landschapsarchitectuur hun beste afstudeerplannen en sturen die naar Archiprix. De opleidingen selecteren de plannen conform de inzendvoorwaarden en de selectiecriteria van Archiprix. De inzendvoorwaarden stellen een maximum aan het aantal in te zenden plannen, afhankelijk van de grootte van de betreffende opleiding. Voor Delft is het maximum 9, voor Amsterdam 4, Eindhoven 4, Rotterdam 3, Tilburg 2, Wageningen 2, Arnhem 1, Groningen 1 en Maastricht 1. Dit betekent een maximaal aantal van 27 plannen. Voor de Archiprix 2009 stuurden alle opleidingen het maximale aantal in. Naast formele bepalingen bevatten de inzendvoorwaarden de inhoudelijke criteria die de basis vormen voor zowel de selectie van de plannen door de opleidingen als voor de jurybeoordeling. Verlangd wordt dat het ingezonden plan in ieder geval: een ontwerp of ruimtelijk plan als resultaat heeft; een expliciet geformuleerde probleemstelling als uitgangspunt heeft; een inhoudelijke verantwoording bevat van de wijze waarop het plan, uitgaande van de probleemstelling, tot stand is gekomen. Bij de beoordeling wordt vervolgens gelet op de volgende elementen: de analyse van de opgave; de conceptuele kracht van het plan; de ruimtelijke kwaliteit van het ontwerp in combinatie met een zorgvuldige inzet van middelen; de verantwoording in beeld en geschrift en tenslotte de samenhang tussen deze elementen. Deze samenhang is van belang omdat de inzender daarmee aantoont het totale proces te beheersen waarbij het in de opgave gestelde probleem naar een passende ruimtelijke oplossing vertaald wordt.

Jurysamenstelling

Jaarlijks stelt het bestuur van Archiprix een andere, onafhankelijke jury van deskundigen samen. Omwille van de objectiviteit worden geen personen in de jury opgenomen die direct betrokken zijn geweest bij de totstandkoming van een inzending of die een directe relatie hebben met de ontwerper van een ingezonden plan. De jury heeft als taak om alle deelnemende plannen op hun eigen merites te beoordelen en elk afstudeerplan van een kort inhoudelijk commentaar te voorzien. Daarnaast moet de jury uit de inzendingen de beste plannen selecteren, waaronder ze het prijzengeld kan verdelen. De jury bestaat uit vijf personen. Vier deskundigen uit de deelnemende vakgebieden en een beschouwer. De samenstelling van de jury die de afstudeerplannen van de Archiprix 2009 beoordeelde is als volgt:

Haiko Meijer, architectuur
Arjen Oosterman, theorie
Miranda Reitsma, stedebouw
Ronald Rietveld, landschapsarchitectuur
Max Risselada, architectuur
De secretaris van de jury is **Henk van der Veen** van Archiprix.

Werkwijze

De jury beoordeelde de plannen op 15 en 20 januari 2009 in Delft. Voorafgaand aan de jurybeoordeling ontving de jury van elk plan een door de ontwerper opgestelde tekst met de essentie van zijn of haar plan. In de periode tussen de beide jurybijeenkomsten zijn de toelichtingen bij de plannen bestudeerd. De jury beoordeelde elk plan afzonderlijk op zijn kwaliteiten, uitgaande van de door Archiprix opgestelde criteria zoals die in de inzendvoorwaarden zijn weergegeven.

Statistiek

De Nederlandse ontwerpopleidingen selecteerden 27 afstudeerplannen voor deelname aan de Archiprix 2009. Van de 27 plannen zijn er 22 met als afstudeerrichting architectuur. Na een opleving van het aantal plannen vanuit de afstudeerrichting van de stedebouw in de vorige editie is het aantal inzendingen van 4 in 2008 teruggezakt naar 1 plan in 2009. Tenslotte zijn 4 projecten ontworpen door deelnemers die afstudeerden in de landschapsarchitectuur. Acht projecten hebben een buitenlandse locatie. Het percentage vrouwelijke deelnemers is substantieel lager dan het percentage vrouwelijke studenten. Bijna de helft van de studenten is vrouw, onder de 28 deelnemers bevinden zich echter slechts 7 vrouwen.

Algemene opmerkingen

Het is opvallend dat vooral de inzendingen op het gebied van de landschapsarchitectuur actuele kwesties agenderen. Hiermee wordt de traditie voortgezet die zich al langere tijd in de Archiprix inzendingen manifesteert dat de plannen op het hogere schaalniveau zich richten op maatschappelijke opgaven. Deze plannen zijn veel sterker gerelateerd aan de context dan de architectuurinzendingen. In ruimtelijk opzicht en in toekomstgerichtheid ligt

Conditions of entry

Each year the Dutch institutions offering Master's programmes in architecture, urban design and/or landscape architecture select their best graduation projects and submit them to Archiprix. The institutions make their selection in accordance with the conditions of entry and selection criteria set down by Archiprix. The conditions of entry set a maximum to the number of submitted projects, proportionate to the size of each institution. So for Delft the maximum is 9, for Amsterdam 4, Eindhoven 4, Rotterdam 3, Tilburg 2, Wageningen 2, Arnhem 1, Groningen 1 and Maastricht 1, giving a total of 27 projects. All the institutions submitted their maximum number to Archiprix 2009. Besides these formal regulations, the conditions of entry contain the criteria underlying both the selection of projects by the institutions and the adjudication. The quintessential requirements are: that the outcome of the entry is an architectural, urban or landscape design; that this has an explicitly stated issue or issues as its basic premise; and that there is a detailed account of how, working from the above issues, the project was arrived at. When judging the projects the following elements are successively taken into account: the analysis of the brief; the project's conceptual strength; the spatial quality of the design together with a sensitive deployment of resources; an account of the project in words and images; and lastly the cohesion enjoyed by these elements. This cohesion is of major importance as it serves to demonstrate the entrant's mastery of the entire process insofar as this translates the issue raised by the brief into an appropriate three-dimensional solution.

The jury

Each year Archiprix's executive board assembles a new independent jury of experts. In the interests of fairness, no persons directly connected with preparing a submitted project or directly related to a designer of such, may sit on the jury. The jury's task is to assess the projects on their own merits and briefly comment on the substance of each. In addition it has to select the best entries and divide the prize money among them accordingly. There are five members of the jury, four experts in the three disciplines concerned and a cultural philosopher. The line-up of the jury that judged the final-year projects of Archiprix 2009 is as follows:

Haiko Meijer, architecture
Arjen Oosterman, theory
Miranda Reitsma, urban design
Ronald Rietveld, landscape architecture
Max Risselada, architecture
Secretary to the jury is **Henk van der Veen** of Archiprix.

Adjudication

The entries were judged on January 15th and 20th 2009 in Delft. Before those dates the jury received for each project a text composed by the designer giving the essence of his or her entry. The jury studied these written explanations in the period between the two judging sessions. It assessed each project individually in terms of its qualities, proceeding from the criteria established by Archiprix and stated in the conditions of entry.

Statistics

The institutions teaching architecture, landscape architecture and urban design in the Netherlands selected 27 final-year projects for inclusion in Archiprix 2009. Of the 27 projects 22 were by students majoring in architecture. Following an upturn in the number of urban design projects in the previous Archiprix the figure has since slunk from four in 2008 to just one in 2009. This year sees four projects designed by graduates in landscape architecture. Eight projects are located abroad. The percentage of female participants is substantially lower than the percentage of female students. Although almost half the student population is female, there are only seven among the 28 participants this year.

General remarks

It is striking that it is principally the landscape architecture entries that broach issues relevant today. This continues a tradition that has figured for some time now among Archiprix entries, namely that projects at the macro scale focus on community issues. These projects are far more strongly related to context than the architecture entries. In spatial terms and with a focus on the future, this is partly in the nature of the field of study but less so where current relevance is concerned. The architecture projects comparatively speaking have a much stronger focus on the end result and less on research.
Broad design skills are essential for the architect's field of study and position. It is no longer enough to develop a strong concept. Hence final-year stu-

dat mede in de aard van het vakgebied, voor de gerichtheid op de actuele relevantie speelt dat minder. De architectuurplannen zijn naar verhouding veel sterker gericht op het eindresultaat en minder op onderzoek.

Voor het vakgebied en de positie van de architect is breed vakmanschap essentieel. Het ontwikkelen van een sterk concept is niet (meer) genoeg. Daarom zijn afstudeerders die alle aspecten van het vak onder de knie proberen te krijgen goed bezig. Gelukkig zien we daarvan voorbeelden in deze ronde van de Archiprix terug. Kennelijk richten de opleidingen zich op de ontwikkeling van het vakmanschap van hun studenten, hetgeen te waarderen valt. Daarnaast is het exploreren van mogelijkheden als een trend zichtbaar in de inzendingen. Deze houding zal ook van belang zijn om een andere belangrijke actuele opgave, die overigens niet aanwezig is in de inzendingen, aan te pakken: de krimp en dan zowel in economisch als demografisch opzicht.

Prijzen

De jury selecteerde drie plannen voor een prijs en één voor een eervolle vermelding. Deze afstudeerplannen zijn alle totaal verschillend. Tegelijkertijd zijn het in hun rijkheid en complexiteit allemaal bijzonder overtuigende ontwerpen.

dents who try to master all aspects of the profession are on the right track. Fortunately there are examples to be found in this year's Archiprix. Evidently the institutes are thinking in terms of developing their students' professional skills, which is an admirable thing. In addition, exploring possibilities is conspicuous as a trend among the current batch. This attitude will come in handy when facing another current challenge, one not targeted in this year's Archiprix as it happens, namely the decline in both economy and population.

Prizes

The jury selected three projects for a prize and one for a honourable mention. All four are utterly different and at the same time thoroughly convincing in their richness and complexity.

eerste prijs <u>first prize</u>

(gedeelde eerste prijs <u>shared first prize</u>)

Dingeman Deijs

→8, 36–39

Uitgemergeld

Het prachtige plan kenmerkt zich door een vernieuwende explorerende houding. Door middel van enkele trefzekere ingrepen wordt het gebied geschikt gemaakt voor een nieuwe bestemming, in de beperking toont zich de meester. Het gebied heeft de architectuur nodig om überhaupt te kunnen blijven bestaan. Dit boeiende plan benut de potenties van de opgave door een nieuwe ongekende wereld te ontsluiten. (zie ook planbespreking →93)

Marlnutrition

This superb project is informed by a groundbreaking exploratory stance. With a few deft interventions the planning area is primed for a new duty, with a mastery revealed through self-limitation. The fact remains that the area needs the architecture to survive. This compelling project exploits the potentials of the brief by unlocking a new and as yet unknown world. (see also the review →93)

——

Opleiding <u>Place of education</u>: AvB Amsterdam
Studierichting <u>Specialization</u>: architectuur <u>architecture</u>

Simone Pizzagalli

→16, 60–63

Spaces, Poetics and Voids

Dit ontwerp geeft zijn uitzonderlijke kwaliteiten niet meteen prijs. Wel weet het plan vanaf de eerste aanblik te intrigeren. Het project benut bij uitstek de mogelijkheden die het onderwijs biedt om als laboratorium te fungeren. Het plan exploreert de verschillende posities die een ontwerper binnen zijn vakgebied kan innemen en opent daarmee nieuwe perspectieven. De gedemonstreerde benadering vormt een sterk pleidooi voor een autonome houding van de ontwerper. In de gevolgde methodiek wordt het programma via associatief onderzoek tot een serie ruimtelijke bewerkingen getransformeerd. Het plan levert commentaar op de discipline, het vormt een interessante reactie op de commercialisering van het beeld en de daarmee samenhangende beeldproductie van de architectuur. (zie ook planbespreking →96)

Spaces, Poetics and Voids

This design is loath to reveal its exceptional qualities at first glance. Yet it intrigues from that moment on. The project makes the very best use of the possibilities education has on offer to act as a laboratory. It explores the different positions designers can adopt within their field, opening new perspectives in the process. The demonstrated approach makes a strong case for the designer to take an autonomous tack. In the followed method the programme is transformed through associative research into a series of spatial treatments. Critiquing the discipline, the scheme is an intriguing response to commercialization of the image and the attendant image-making in architecture. (see also the review →96)

——

Opleiding <u>Place of education</u>: TU Delft
Studierichting <u>Specialization</u>: architectuur <u>architecture</u>

tweede prijs <u>second prize</u>

Servie Boetzkes

→7, 30–33

Kartuizerklooster

Het doorwrochte plan geeft blijk van het vakmanschap van de ontwerper. Op intelligente wijze weet de ontwerper zijn theoretische uitgangspunten te vertalen naar een mooi, zorgvuldig ontworpen plan. (zie ook planbespreking →92)

Carthusian monastery

This well-wrought project exhibits the hand of a capable designer. He has succeeded in intelligently rendering his theoretical premises into an elegant, thoughtfully crafted design. (see also the review →92)

Opleiding <u>Place of education</u>: TU Eindhoven
Studierichting <u>Specialization</u>: architectuur <u>architecture</u>

eervolle vermelding <u>honourable mention</u>

Derk van der Velden

→21, 76–79

De Resonator

De kracht van dit landschapsarchitectonisch plan ligt in de briljante hoofdingreep die een doeltreffende oplossing voor het gestelde probleem van de waterafvoer vanuit het IJsselmeer bij de verwachtte zeespiegelstijging biedt. Het plan presenteert een oplossing die tot nu toe over het hoofd werd gezien in de verschillende studies over dit onderwerp. Het plan voorziet daarnaast in een gevarieerd landschap waarmee de toeristische en ecologische potenties van het gebied benut kunnen worden. (zie ook planbespreking →98)

The Resonator

The strength of this landscape design lies in the brilliant principal intervention which unerringly solves the identified problem of discharging water from IJsselmeer given the expected rise in sea level. The project presents a solution that has been overlooked in the various studies done on this topic. It unfurls a varied landscape where local tourist and ecological potentials can be tapped. (see also the review →98)

——

Opleiding <u>Place of education</u>: AvB Amsterdam
Studierichting <u>Specialization</u>: landschapsarchitectuur <u>landscape architecture</u>

Joep van As
→6, 26–27

Architecture with wet feet
Het ontwerp betreft de herbestemming van een steenfabriek in de uiterwaard. De ontwerper wil met het plan het bijzondere karakter van de streek bewaren en tegelijkertijd experimenteren met het bouwen in een overstromingsgebied van de rivier. Hij stelt een interessant probleem aan de orde. De klimaatverandering en de daarmee samenhangende stijging van het rivierwater noopt tot nieuwe oplossingen. Het is echter de vraag of het individuele programma met werkruimten voor kunstenaars voldoende recht doet aan het algemene karakter van de gestelde opgave. Een meer openbare functie had beter aangesloten bij de ambitie om de locatie zijn plek in de streek terug te geven. Ook zou een meer innovatieve oplossing in relatie met de wisselende waterstanden voor de hand hebben gelegen. Het contrast tussen de oude restanten van de steenfabriek en de nieuwe uitbreiding is niet overtuigend. Hoewel de nieuwbouw een zekere elegantie niet kan worden ontzegd, is ze onnodig complex in relatie tot zowel de bestaande architectuur als de economische realiteit van de gekozen functie. Al met al zijn de potenties van de interessante opgave niet ten volle benut.

Architecture with wet feet
In recycling a former brickworks in the river flood plains, the designer seeks to preserve the special character of the region while experimenting with building in the river's inundation zone. The issue he raises is an interesting one. Climate change and the attendant rise in the river water level calls for new solutions. It remains to be seen whether the individual programme of workplaces for artists does sufficient justice to the general nature of the task at hand. A more public duty would have better fitted the intention of reinstating the site in the region. A more innovative solution with regard to the changing water levels would have made more sense too. The contrast between the old remains of the brickworks and the new extension fails to convince. Although the new-build undeniably exhibits a certain elegance it is unnecessarily complex in relation to both the existing architecture and the economic reality of the chosen function. All things considered, the potentials of the interesting brief have not been exploited to the full.

Sanne Blom
→6, 28–29

A Place for Movement and Performance
Aan het IJ op het voormalige Storkterrein in Amsterdam Noord is een dansinstituut geprojecteerd. Het is de bedoeling om hier de versnipperde Amsterdamse danswereld onder één dak bijeen te brengen. Binnen een neutraal ontworpen gebouw moet de dans een herkenbare plek krijgen. Het complex huisvest naast studio's, oefenruimten en podia een uitgebreid publiek programma.
De analyse dat de industriële context structuur ontbeert, bevreemdt. De keuze om een neutrale context te creëren waarbinnen de gebruiker zich op zijn eigen manier moet kunnen manifesteren leidt vervolgens tot een ongemakkelijke en geforceerde architectuur. De atmosfeer van de danswereld komt niet op overtuigende wijze tot zijn recht in het ontworpen complex. De inpassing in de locatie levert niet de beoogde kwaliteit op. Het ontwerp is tot in detail op vakkundige wijze uitgewerkt.

A Place for Movement and Performance
This entry projects a dance institute along the IJ in the former Stork grounds in Amsterdam-Noord, the aim being to bring together here the scattered elements of Amsterdam's dance world. A building of neutral design is to provide the world of dance with a readily identifiable place, and combines studios, rehearsal rooms and stages with an extensive public programme.
The designer's conclusion that the industrial context lacks structure is surprising. In choosing to create a neutral context open to individual interpretation by its users, the resulting architecture seems forced and ill at ease. The ambience of the dance world fails to shine through convincingly in the designed ensemble. Nor does its insertion in the context produce the desired qualities. Having said that, the design has been capably worked up in detail.

Servie Boetzkes
→7, 30–33

Kartuizerklooster, een psychodyslepticum
Het ontworpen klooster in het hart van Brussel is bedoeld als toevluchtsoord voor de stadsmens. Het ontwerp is gebaseerd op de roman 'The Ticket that Exploded' van William S. Burroughs. De grensverkenning tussen literatuur en architectuur wordt uitermate consciëntieus uitgevoerd. Het goed geschreven rapport verduidelijkt het verband tussen het boek van Burroughs en het ontwerp. Elementen als het aanspreken van andere lagen van het bewustzijn en het losmaken, binnensluiten en uitsluiten worden op een intelligente manier verwerkt in het ontwerp.
Het doorwerkte zorgvuldig ontworpen plan bewijst dat de ontwerper de discipline tot in de finesses in de vingers heeft. De intrigerende monolitische verschijning is prachtig ingepast in de locatie. Ook in het interieur worden de middelen zorgvuldig ingezet, hetgeen leidt tot een sterke enscenering en een passende dramatisering. De expressie sluit goed aan bij de functie.

Carthusian monastery: a psychodyslepticum
Projected in the heart of Brussels, the designed monastery is to be a place for city people to withdraw to. Based on Burroughs' novel 'The Ticket That Exploded', the design scrupulously explores the border zone between literature and architecture. A well-written report makes clear the connection between Burrough's book and the design. Elements such as the appeal to other layers of consciousness and the strategies of detachment, enclosure and exclusion are intelligently worked into the design.
The well-considered, thoughtfully crafted project attests to its designer's consummate grasp of the discipline. The intriguing monolithic presence slots wonderfully well into its context. Inside, too, the means are sensitively deployed so that the whole is staged with great power and dramatized appropriately. Expression and function are well-matched.

Linda Buijsman
→8, 34–35

Duurzame, zelfredzame en betaalbare huisvesting voor de urban poor in Phnom Penh
Het goed doordachte plan voor een wijk met gemeenschappelijke voorzieningen voor arme stedelingen concentreert zich op het ontwerp van een betaalbare woning. Daartoe wordt op passende wijze gebruik gemaakt van lokale

Sustainable, independent and affordable housing for the urban poor in Phnom Penh
This well-considered project for a neighbourhood with communal amenities for the urban poor concentrates on designing an affordable dwelling. Local techniques are enlisted to perform this task in fitting manner. The highly rel-

technieken. De relevante opgave wordt charmant uitgewerkt. Het ontwerp wordt voorafgegaan door een zeer diepgravend onderzoek waarbij naast de bouwfysische en constructieve aspecten ook de culturele en sociale achtergronden worden betrokken.

De technische en constructieve oplossingen zijn in het ontwerp goed uitgewerkt. De lovenswaardige poging om een betaalbaar plan te ontwerpen is op een groot aantal aspecten geslaagd. De weinig vernieuwende architectonische uitwerking blijft wat achter.

evant brief is engagingly worked up. Preceding the design is a most thorough study that examines the cultural and social backgrounds as well as aspects of building performance and structure.

The technical and structural solutions are given comprehensive treatment in the design. While the laudable attempt to create an affordable scheme succeeds on many fronts, the fairly conventional architecture lags somewhat behind.

Dingeman Deijs
→8, 36–39

Uitgemergeld

De mergelwinning in de Sint-Pietersberg stopt. Dit plan grijpt de kans die daarmee ontstaat om voor dit gebied een nieuw toekomstperspectief te ontwikkelen met beide handen aan. Op beheerste wijze, met eenvoudige middelen presenteert Uitgemergeld een overtuigend plan. De maatregelen die genomen moeten worden om het grottencomplex tegen lokale instorting te beschermen vormen tevens de dragers van de nieuwe functie. Trefzeker vormgegeven betonnen verstevigingen vormen ruimten in het complex die vervolgens benut kunnen worden voor de nieuwe publieke functie. Het plan heeft de kracht van de eenvoud en is mede daardoor geloofwaardig en realistisch. Op prachtige wijze worden de bestaande kwaliteiten ontsloten en het maaiveld en de grotten met elkaar verweven. Het nieuwe programma en de bestaande context worden in het plan mooi op elkaar betrokken. Het plan is daarbij prachtig gepresenteerd.

Marlnutrition

The marl reclamation programme in St Pietersberg is at an end. This project seizes the opportunity to develop a new perspective for this area in no uncertain fashion. Tackled with great control and armed with simple resources, Marlnutrition is a convincing scheme. The measures that need taking to protect the complex of caves from local collapse double as the bearers of the new duty. Felicitously designed concrete reinforcements create spaces in the complex that can then be used for the new public duty. The project has the strength of simplicity, one reason why it is credible and realistic. The existing qualities open up and the ground plane and caves intermesh in magnificent fashion. New programme and received context link arms wonderfully well. The presentation is superb to boot.

Björn Fries
→9, 40–41

Cité Noord

Het ontworpen complex in Amsterdam Noord omvat naast woningen, kantoren en winkels ook openbare functies in de vorm van een bibliotheek en een cultureel centrum. De ontwerper beoogt om mede door middel van de mix aan functies, een omgeving te scheppen waarbinnen contacten tussen gebruikers worden gestimuleerd. Hoewel het plan zorgvuldig is ontworpen en ver is uitgewerkt, geeft de presentatie geen blijk van extra kwaliteiten in het licht van de gestelde doelen. De jury vraagt zich dan ook af op welke gronden dit project is geselecteerd voor deelname aan de Archiprix.

Cité Noord

Designed in Amsterdam-Noord, the complex combines housing, offices and shops with public functions in the shape of a library and a cultural centre. With this mix the designer seeks to create an environment that would stimulate contact between users. Although the scheme is thoughtfully designed and worked up in great detail, the presentation gives no indication of additional qualities in light of the stated aims. Which is why the jury wonders on what grounds this project was submitted to Archiprix.

Janita Han
→10, 42–43

Building Farm

Het ontwerp betreft een tijdelijk bouw- en sloopafvalrecyclingcomplex in het oosten van Berlijn. Door middel van een didactische opzet waarbij de afvalstromen zichtbaar gemaakt worden en gerecyclede producten als in een supermarkt te koop worden aangeboden wordt de recycling onder de aandacht gebracht van de Berlijnse burgers. De opgave snijdt een actuele problematiek aan. Het is goed denkbaar om op een dergelijke originele wijze de afvalproblematiek aan de orde te stellen. De abstracte uitwerking blijft echter te schematisch om die intentie op overtuigende wijze waar te maken.

De presentatie is vrij moeilijk leesbaar waardoor de organisatie van het complex onduidelijk blijft. De stoere maquette levert een prachtig beeld op.

Building Farm

This design is for a temporary C&D waste processing plant in the east of Berlin. It is at the same time a learning process in which the waste flows are brought into view and recycled products put on sale as if in a supermarket to bring the recycling process to the attention of the city's inhabitants. The brief tackles a set of problems relevant today. To showcase the problematic of waste disposal in an original way is in itself admirable. In this case however, the abstract treatment is insufficiently developed to make good that intention in convincing fashion.

The presentation is fairly impenetrable, leaving much of the internal workings unexplained. Having said that, the husky scale model has great visual impact.

Jos van Heerde
→10, 44–45

Sportcomplex Scheveningen

Aan het eind van de boulevard van Scheveningen bij het Noordelijk havenhoofd, is een sportcomplex ontworpen dat tevens fungeert als kustwering. De architectuur wil de symbiose tussen de beide functies tot uitdrukking brengen en is geïnspireerd op de wind in zijn verschillende gedaanten, van zeebriesje tot superstorm.

De gestelde opgave is interessant en actueel. Het idee om de wind als ontwerpuitgangspunt te nemen is hier goed op zijn plaats en biedt een interessant aanknopingspunt voor het ontwerp. De keuze voor een sportcomplex op deze locatie is goed verdedigbaar. Gezien de uitgangspunten is het jammer dat het sportprogramma niet meer manifest is gemaakt in het exterieur.

Scheveningen Sports Complex

Projected at the end of the boulevard in Scheveningen near the northern breakwater is this sports complex doubling as coastal defence. Its architecture seeks to express the symbiosis of the two duties and is inspired by the wind in all its guises, from sea breeze to superstorm.

The self-imposed brief is interesting and relevant. The idea of taking the wind as design premise is apposite and makes an interesting stepping-off point for the design. Again, the choice of a sports complex is a most defensible one. So it is regrettable that the sports programme is not made manifest in the exterior. The introverted design is a missed opportunity to engage programme and setting in inspiring dialogue. It is also insufficiently developed

Met het introverte ontwerp is de kans om een inspirerende dialoog tussen het programma en de locatie tot stand te brengen gemist. Het ontwerp blijft schematisch waardoor zowel de ruimtelijke kwaliteit van het interieur als de nagestreefde impact van het ontwerp op de ervaring van de passant onduidelijk blijft.

so that both the interior's spatial qualities and the design's intended impact on passers-by remain unclear.

Daan Koch

→11, 46–47

Invloed

Door middel van een drietal architectonische interventies in de polders van de Noordwaard in de Biesbosch beoogt de ontwerper de schoonheid en de dynamiek van het veranderende landschap ervaarbaar maken. Het plangebied, ooit onderdeel van het getijdenlandschap van de Biesbosch, dient in de nabije toekomst voor de tijdelijke opslag van water bij hoge waterstanden. De gestelde opgave is poëtisch en sluit aan bij de actuele discussie over de inrichting van overstromingsgebieden. De vraag op welke wijze je met die problematiek omgaat komt in het plan niet expliciet aan de orde. Mooie landschappen hebben een aantrekkelijk vestigingsmilieu, maar het is de vraag of je die wel op de voorgestelde manier moet ontwikkelen. Dat geldt vooral de geplande woningen. De functionele onderbouwing is mager. Mede daardoor doen de interventies willekeurig en vrijblijvend aan. Het is uiteindelijk vooral een esthetisch plan dat vooral waar het de silo's betreft, wel prachtige beelden oplevert.

Influent

A trio of architectural interventions in the polders of Noordwaard in the Biesbosch wetlands is intended to bring out the beauty and dynamics of the changing landscape. The planning area, once part of the original tidal landscape, is to serve in the near future as temporary water storage at high water. The brief is poetic and locks into current discourse on setting up inundation areas. As to how this issue is to be tackled is not specified. Attractive landscapes make for attractive places to settle, yet the jury wonders whether this is the right way to develop them. This holds especially for the projected dwellings. The functional underpinning is meagre, which is one reason why the interventions seem haphazard and lacking in commitment. All things considered, it is above all an aesthetic plan with some magnificent images, particularly of the silos.

Joost Kok

→12, 48–49

Het Spektakel en de Stad

Uitgaande van het voornemen van de beide Rotterdamse Filmtheaters, Lantaren/Venster en Cinerama om samen te gaan wordt een plan ontwikkeld vanuit de functie en het karakter van beide theaters en een onderzoek naar de beste locatie in het culturele netwerk van de stad. Dit plan biedt een alternatief voor de gemeentelijke plannen voor een complex op de Wilheminapier dat vooral bedoeld lijkt om de Kop van Zuid bij het stadshart te betrekken.

De ontwerper heeft met zijn benadering een sterk verhaal. Hij stelt de juiste uitgangspunten voor de opgave tot samenvoeging van de theaters. Gezien de doelstelling om het nieuwe filmtheater op te nemen in het stedelijke culturele leven en het als brandpunt van het International Film Festival Rotterdam te benutten, bevreemdt de keuze voor de situering van het theater binnen de beschutting van een bouwblok tussen de Westblaak en de Witte de Withstraat. Wel stelt de ontwerper een interessant thema aan de orde met het benutten van de binnenhof. Die ruimte wordt opgewaardeerd van werkhof tot park. Onder het park bevindt zich het theater. De ontworpen oplossing heeft echter niet de kracht en de spanning die het referentiebeeld van een vulkaan op het binnenterrein oproept. De interactie tussen het park en het theater blijft oppervlakkig. De op zichzelf interessante gedachte om een hoek van het bouwblok open te werken en te benutten als entree voor het theater en het binnenterrein is niet op overtuigende wijze uitgewerkt. Daardoor dringt de vraag zich op waarom de huidige entree van Cinerama aan de Westblaak niet in het plan is opgenomen. Het theater zelf is goed ontworpen, onder de heuvel ontwikkelt zich een interessant complex met een mooie ruimtelijke opbouw.

Spectacle and the City

Setting out from the aspiration voiced by Rotterdam's Lantaren/Venster and Cinerama to join forces, this project divides into a design proceeding from the function and character of these two film theatres and a study to find the most suitable location in the city's cultural network. The scheme offers an alternative to the council's plans for a complex on Wilheminapier, ostensibly to make the Kop van Zuid district part of the city centre.

The designer makes a strong case with his approach, choosing the correct departure-points for the brief to combine the theatres. Given his aim to lock the new film theatre into urban cultural life and mobilize it as the focus of Rotterdam's International Film Festival, the choice of siting it in the shelter of a city block between Westblaak boulevard and Witte de Withstraat is a little odd. His incorporation of the perimeter block's central courtyard, however, makes for an interesting theme. That space is upgraded from a service yard into a park, with the theatre underneath it. Yet the designed solution lacks the strength and suspense evoked by the reference image of a volcano in the courtyard. Again, the interaction between the park and the theatre lacks depth. Opening up a corner of the block to use as an entrance to both theatre and courtyard, while an interesting idea in itself, is not followed through convincingly. This raises the question of why the current entrance to Cinerama on Westblaak has not been assimilated in the plan. The proposed theatre itself is well designed, with an interesting complex of elegant spatial structure unfolding beneath the hill.

John van Lierop

→12, 50–51

Eindstation – Instituut voor Toekomstig Verlies

Deze actuele opgave betreft het ontwerp van een complex voor stervenden. De nieuwbouw is ingepast in de parkachtige opzet van het bestaande St. Anna gesticht bij Venray. Het ontwerp dat zich deels onder het maaiveld bevindt en deels er boven zweeft, blijft wat schematisch. Zo komt de nagestreefde kwaliteit ten aanzien van de aansluiting op de parkachtige omgeving niet goed uit de verf. Het programma bevat naast een aantal originele trefzekere elementen ook gezochte functies die weinig bijdragen aan de kwaliteit van het geheel.

Het rapport bevat naast een inventarisatie van de context en de achtergrond een interessante filmische presentatie van het plan. De ambitie om een nieuwe vorm voor het traditionele sterfhuis te ontwikkelen levert een interessante aanzet op, de uitwerking schiet tekort om echt te kunnen overtuigen.

Terminus – Institute of Future Loss

The relevant brief is to design a complex for the terminally ill. It slots new-build into the parklike setting of St. Anna psychiatric hospital at Venray. Set partly below ground and partly hovering above it, the design remains somewhat rudimentary. Thus, for example, the aimed-at quality in attaching it to the parklike surroundings leaves much to be desired. To a number of original and felicitous elements the programme adds more contrived ones that contribute little to the overall quality.

Besides documenting the context and history the design report includes a fascinating film presentation of the project. If the designer's intentions to develop a new form for the traditional hospice make for a compelling initial step, the actual development is not enough to be truly convincing.

Jan Maas

Urban Wrinkle

Het landschapsarchitectonisch plan betreft een park in het centrum van de Zuidas van Amsterdam. In dit nieuwe hoogstedelijke gebied heeft de ontwerper de ambitie om een publiek domein te creëren. Anders dan in het bestaande plan wordt het centrum daartoe vrijgemaakt van bebouwing die naar een plek aan de rand wordt geschoven. Deze strategische basisingreep is interessant. Er wordt een publieke ruimte gemaakt in het hart met een voor de plek relevant programma. Bovenop de transporthub is een dergelijk concept goed denkbaar. Zo kan de Zuidas van een levendig groen kloppend hart voorzien worden. De uitwerking in een modieus golvend landschap sluit niet goed aan bij de schaal van de locatie en doet daarom willekeurig aan. Het programma is te veel weggestopt onder een golvend tapijt. De routing sluit niet optimaal aan bij de omliggende structuur waardoor de verweving met de omgeving niet op een logische wijze gestalte krijgt.

Urban Wrinkle

The landscape design is for a park in the centre of Amsterdam's Zuidas development. Its designer intends to create a public domain in this new metropolitan area. Unlike in the existing plan the centre is accordingly freed of buildings which are moved to a place on the periphery. This main strategic intervention compellingly creates a public space in the heart of Zuidas with a programme relevant to the place. It makes sense to site it atop the transport hub. This way, Zuidas gets a vibrant green heart. Unfortunately the strategy is unfurled as a trendy undulating landscape that clashes with the scale on site and therefore seems a random choice. Again, the programme is too tucked out of sight below an undulating carpet. The routeing likewise fails to mesh with the surrounding structure so that the design's interweaving with the context has something illogical about it.

Marko Matic

Les Archives de la Planète

Het intrigerende plan bestaat uit de nieuwbouw van een archief voor de unieke collectie van de verzamelaar Albert Kahn. Het ontworpen archief vormt een prachtige context voor de collectie foto's en films die Kahn aan het begin van de twintigste eeuw liet maken van het dagelijks leven over de gehele wereld. De emotionele waarde van de collectie komt fraai tot uitdrukking in het ontwerp. Zowel het interieur als het exterieur is prachtig. De portalen waaruit het gebouw is opgebouwd vormen containers voor de collectie. De schaal is mooi. Door de ruimtelijke opzet en de verwerking van beelden in het gevelbeeld refereert het gebouw navolgbaar aan de inhoud.

Tegelijkertijd is het archief fraai ingepast in de situatie in Parijs waar het als een tuinmuur de afsluiting vormt van de tuin waarin Kahn de zaden plantte die hij op zijn vele reizen meenam. De plastisch vormgegeven entree van het archief vormt tevens de poort naar de tuin. De relatie van het archief met de tuin is wat minder sterk. Een zorgvuldig, aangenaam geschreven rapport begeleidt op evenwichtige wijze de beeldende presentatie.

Les Archives de la Planète

This intriguing project consists of a new archive building for the unique collection of Albert Kahn. The designed archive makes a great setting for the mass of photographs and films that Kahn had made at the start of the 20th century of daily life the world over. The collection's emotional value is fetchingly expressed in the design. Both interior and exterior are exquisite. The gateways from which the building is assembled act as containers for the collection. The scale of the whole is just right. Its spatial set-up and incorporation of images in the exterior clearly express the building's contents.

By the same token, the archive slots elegantly into the Parisian site, doubling as a wall terminating the garden where Kahn sowed the seeds collected on his many travels. The expressively modelled entrance to the archive doubles as the gateway to the garden. The archive's relation to the garden is less strong. A meticulous, eminently readable report makes a balanced supplement to the visual presentation.

Erik Moederscheim

In de huid van Breuer

De herbestemming van de Amerikaanse ambassade in Den Haag tot museum voor hedendaagse kunst is gebaseerd op een cultuurfilosofisch onderzoek aan de hand van het boek 'De wereld zonder ons' van Alan Weisman. Het onderzoek leidt tot een concept waarbij het uiterlijk onaangetast blijft terwijl het interieur wordt omgevormd tot een mysterieus hart waarin het publiek kan binnendringen, als ware het de hoofdpersoon uit Weismans boek. De uitgebreide theoretische studie die aan het ontwerp vooraf gaat is interessant. De ontwerper wil niet wereldverbeterend en oplossingsgericht te werk gaan, het plan moet zijn eigen waarheid presenteren. Helaas komt de analyse niet tot uitdrukking in een rijk, gelaagd plan. Het ontwerp heeft eerder het karakter van een eendimensionale shocktherapie. In essentie bestaat het ontwerp uit de radicale uitholling van het gebouw, waarbij alleen de buitenmuren overblijven die overeind worden gehouden door het EPS-schuim waarin de tentoonstellingszalen zijn uitgespaard. De ingreep levert wel fraaie beelden en interessante ruimten op, maar mist een overtuigende relatie met de studie. Thema's als betekenis en representatie die in de teksten een belangrijke rol spelen komen niet op navoelbare wijze tot uitdrukking in het ontwerp.

Under Breuer's skin

The project to reallocate the American Embassy in The Hague as a museum for contemporary art is rooted in a cultural-philosophical study taking Weisman's bestseller 'The World Without Us' as its springboard. From the study there emerges a concept which leaves the building's exterior virtually unchanged but transforms the interior into a 'mysterious heart' visitors can penetrate, as if they were the protagonist in Weisman's book. The exhaustive theoretical study preceding the design makes an interesting read. Rather than seeking to improve the world and find solutions, the project is to construct its own truth. Regrettably, the analysis failed to resonate in what is a rich and layered design response. Indeed, the design comes closer to a one-dimensional shock treatment. It basically consists of gutting the building to leave only the outer walls, which are then held in place by the EPS foam from which the exhibition spaces are hewn. Though the intervention makes for some fine images and interesting spaces, it lacks a convincing relationship with the study. Themes key to the texts such as meaning and representation are not overtly expressed in the design.

Minke Mulder,
Claire Oude Aarninkhof

Croproad Park

Het plan onderzoekt de implementatie van landbouw in de stad, een actueel thema. In Amsterdam Zuidoost wordt een stedelijk landschap ontworpen waar voedsel geproduceerd kan worden en dat tegelijkertijd een recreatieve functie heeft. De interessante studie is in samenwerking met de Dienst Ruimtelijke Ordening verricht. Het idee om de landbouw te integreren in de stedelijke omgeving is uitdagend. Het ontwerp dat is gebaseerd op het principe van de volkstuin roept een aantal vragen op die in het plan onbeantwoord blijven. Zo wordt het organiserend principe niet helder en blijven geavanceerde teelttechnieken onbesproken. Er lijkt eerder sprake van een romantische dan een rationele keuze. Om echt te kunnen overtuigen mist het ontwerp net de sprankelende ruimtelijkheid die aansluit bij de grote schaal van het plangebied.

Croproad Park

The project explores the possibilities of implementing agriculture in the city, a relevant theme these days. It constructs an urban landscape in Amsterdam's Zuidoost district where food can be produced and which can also be used for recreational purposes. The compelling study was done in association with the City of Amsterdam's Physical Planning Department. To integrate agriculture into the urban environment is a challenging prospect. The design, based as it is on the personal allotments principle, raises several questions that the project fails to answer. Thus, for example, the ordering principle is poorly defined and advanced cultivation techniques are left undiscussed. The choice of subject seems to have been prompted by romantic rather than rational ideals. The design just misses out on the effervescent spatial quality needed to lock it into the great scale of the planning area and make it truly convincing.

Simone Pizzagalli

Spaces, Poetics and Voids

De intrigerende presentatie trekt onmiddellijk de aandacht. De uitzonderlijke kwaliteiten geeft het theoretische plan pas na grondige bestudering van het materiaal prijs. De teksten, tekeningen en modellen vormen samen een hecht plan waarin verschillende relevante aspecten van het vak op fundamentele, onderzoekende wijze aan de orde worden gesteld. Op eigenzinnige wijze wordt stap voor stap op bijna dichterlijke wijze een ruimtelijk plan ontwikkeld. Dat proces voltrekt zich autonoom op volstrekt logische en tegelijkertijd absurde wijze. De gehanteerde methode is navolgbaar. Over elkaar heen geprojecteerde teksten leveren een bouwdoos op voor een ruimtelijk plan. Het plan kent naast theoretische ook hele concrete kanten. Zoals de locatie die in Londen langs de oostelijke spoorlijn tussen de City en East-End is gelegen en de functie die een gevangenis betreft waarvan het programma gaandeweg wordt opgebouwd op basis van de teksten. Door de fascinerende ruimtelijkheid en de confrontatie van programma, ruimtelijk ontwerp en het gevolgde proces stelt het plan fundamentele vragen aan de orde en zet daarmee aan tot nadenken over het wezen en de methodieken van het vak.

Spaces, Poetics and Voids

The intriguing presentation immediately rivets the attention. It is only after thoroughly studying the material that the theoretical project reveals its outstanding qualities. Texts, drawings and models together present a close-knit project that addresses relevant aspects of the profession in a grass-roots, exploratory fashion. Step by step, it unfurls a spatial plan along off-beat, well-nigh poetic lines. This process takes place independently in a way that is at once utterly logical and absurd. The method used is easy to follow. Texts projected one over the other construct a kit of parts for a spatial plan. This plan has very real sides to it alongside the theoretical aspects. These include its site along the East London Railway Line between the City and the East End, and its function, that of a prison whose programme is assembled by degrees based on the texts. With its fascinating spatial qualities and the confrontation between programme, spatial design and process, the project raises fundamental issues, giving cause to think about the essence and methods of the architect's profession.

Lisette Plouvier

Het openbare zwembad

Het goed gepresenteerde ontwerp voor een openbaar zwembad in het IJ tegenover het Centraal Station in Amsterdam wordt gekenmerkt door een virtuoze ruimtelijkheid binnen een strak kader. Het mooie sculpturale 'landschap' met verschillende baden voor de verschillende doelgroepen sluit goed aan bij de gestelde opgave. De aansluiting bij de locatie mist de spanning die nodig is om de ambitie waar te maken om het bad te kunnen plaatsen in de traditie van de baden die aan het begin van de twintigste eeuw in verschillende steden in het water werden aangelegd, zoals in de Amstel in Amsterdam.

Public swimming centre

A dazzling spatiality within a taut framework informs this well-presented design for a public swimming centre in the IJ opposite Amsterdam Central Station. The very fine sculptural 'landscape' with its individual pools for different target groups accords well with the design brief. Its relation to the site lacks the sparkle necessary to achieve the designer's intention of placing the swimming centre in the tradition of bathing areas laid out in cities at the beginning of the 20th century, such as in the river Amstel in Amsterdam.

Rolf Reichardt

Mercea Merwede

In dit zeer gedegen plan voor een gezondheidscentrum gelegen aan het Merwedekanaal in Utrecht speelt de patiënt een centrale rol. De gekozen opzet beoogt te voorzien in een patiëntgerichte zorg. Daartoe zijn verschillende specialismen gecombineerd binnen een multidisciplinaire polikliniek. Met het doel de patiënt te activeren is het complex zodanig ingericht dat de patiënten zich zoveel mogelijk zelf kunnen verplaatsen. De activering van de patiënten krijgt zowel gestalte in de ruimtelijke opzet als in een aantal toegevoegde sportfuncties. De uitwerking van deze vernieuwende opzet waarin de patiënt centraal staat ligt goed in het verlengde van de geformuleerde uitgangspunten. Het leidt tot een horizontale structuur met zeer veel ver-

Mercea Merwede

In this well-grounded project for a health centre sited along the waters of Merwedekanaal in Utrecht, the patients occupy centre stage. The chosen set-up seeks to provide a patient-targeted health care by combining specialisms in a multidisciplinary outpatients' clinic. The complex is so designed that patients are themselves able to move around as much as possible, the aim being to galvanize them into action. That aim is given shape in the spatial set-up as well as in a number of additional sports activities. This pioneering approach of giving patients an active up-front role follows on well from the departure-points given in the design account. The resulting horizontal structure with its masses of circulation space makes the jury wonder whether this

keersruimte. Dat roept de vraag op of dit ordeningsprincipe wel optimaal efficiënt is voor de functie.

De kracht van het project ligt in het vernieuwende idee en de originele hoofdopzet. Na deze veelbelovende start blijft het plan enigszins steken in de schematische uitwerking. De architectuur van het complex wordt vooral bepaald door de gridstructuur en de constructieve opzet en in mindere mate door de functionele opzet.

De situering aan het Merwedekanaal is goed gekozen, het plan betekent een mooie opmaat voor de verdere ontwikkeling van deze, nu nog industriële, zone.

Het plan wordt goed gepresenteerd, vooral de geprinte maquette is prachtig.

organizing principle could have been deployed more efficiently.
The project's strength lies in the ground-breaking idea and original parti. After this promising start, however, the whole tends to get bogged down in a sketchy development. The architecture is largely defined by the building's grid pattern and structure and to a lesser degree by the activities it contains.
The canalside site is well-chosen as the project would be an excellent first step in redeveloping what is at present an industrial zone.
The presentation is very fine, the printed scale model being particularly outstanding.

Raven Rumes

→18,68–69

Almere, een schone stad voor 350.000 inwoners

Met dit stedebouwkundig plan voor een nieuwe stadsplattegrond wil de ontwerper Almere laten doorgroeien tot een stad met 350.000 inwoners. Een dergelijke uitdagende grootschalige opgave is in Nederland alleen mogelijk in Almere. Het plan wil zich verzoenen met de bestaande situatie, het voegt daar een nieuwe laag aan toe. Er wordt een grofmazig stedebouwkundig grid over de bestaande stad geprojecteerd. De richting van het grid wordt bepaald door een nieuwe verbinding tussen Almere en Amsterdam over het IJ die de belangrijkste koppeling tussen beide steden gaat vormen. Het punt waar de verbinding aansluit op de plattegrond van Almere krijgt in het plan niet de aandacht en articulatie die deze belangrijke plek verdient. Het grid zou de aanzet kunnen zijn van een interessante stedebouwkundige uitwerking. Van dat laatste is echter nauwelijks sprake waardoor het plan schematisch blijft en geen inzicht geeft in de kwaliteiten op het niveau van de woonomgeving. Ook doet de inpassing van het grid in de bestaande context arbitrair aan. De rigiditeit van het ontwerp lijkt in tegenspraak met de rijkheid en de gelaagdheid die nagestreefd wordt.

Almere, a fair city for 350,000

With this project for a new urban ground plan, Almere is to continue expanding to eventually accommodate 350,000 souls. A challenging task of this magnitude on Dutch soil is only possible in Almere. The plan sets out to link arms with the existing situation, adding to it a new layer. It projects a course-grained urban grid over the existing city. The grid's direction is determined by a new link between Almere and Amsterdam across the IJ that is to be the key connection between the two cities. That said, the point where the link feeds into Almere's ground plan is not given the attention and articulation such an important place deserves. The grid could be the first step in a compelling urban development. This is hardly the case here, though, and the projects remain rudimentary with no indication of the qualities at residential level. There is also something arbitrary about the grid's insertion in the existing context. The rigid design seems to clash with the richness and layering aspired to in the design account.

Berta Sanz Peña

→19,70–71

Healing by Design

De rivier de Manzanares stroomt als een betonnen kanaal door het centrum van Madrid. De door de gemeente geplande ondertunneling van de wegen die parallel aan de rivier lopen biedt de mogelijkheid om het gebied opnieuw in te richten. Dit plan wil die kans grijpen door de rivier te genezen en zo het verloren ecosysteem weer aan de stad te verbinden.

Het ontwerp presenteert een sterke strategische ingreep. De ecologische aspecten zijn goed onderzocht, met name het watersysteem wordt diepgaand geanalyseerd. Vervolgens wordt het plan uitgewerkt met een goede natuurprogrammering van het plangebied. De jury heeft de indruk dat de potenties nog beter benut hadden kunnen worden als de publieke programmering sterker was uitgewerkt. Zeker in deze situatie in het centrum van Madrid zou naast de ecologische aspecten het gebruik een hoofdrol moeten spelen. Hier lijkt zich de benadering te wreken waarbij de opgave naar analogie van de genezing van het menselijk lichaam wordt uitgewerkt. Met het ontwerp van het sterke natuurlijke systeem is de eigen doelstelling wel behaald, in het licht van de concrete opgave is deze benadering te eenzijdig.

Healing by Design

The Manzanares river runs like a concrete-encased canal through the centre of Madrid. Plans by the council to relocate underground some major roads running parallel to the river present opportunities to redesign the area. This project seeks to grasp these opportunities by healing the river and returning the once-lost ecosystem to the city.

The design presents a strong strategic intervention. The ecological aspects are well-researched, the water system being particularly thoroughly analysed. Next, the project is worked up with an admirable nature programme for the planning area. The jury feels that the potentials could have been better exploited had the public programme been fleshed out in greater depth. Use would surely have a key role to play in this context in the centre of Madrid, alongside the ecological aspects. This is where the chosen design approach analogous to healing the human body seems to founder. The design for a strong natural system may well have achieved the stated aims, yet this approach is too one-sided when measured against the brief in reality.

Hein Smedts

→20,72–73

An Urban Montage

De zone tussen het spoor en de A2 in Maastricht vormt de locatie van dit plan dat hier de kwaliteit van 'onbestemde ruimte' wil introduceren. Uitgangspunt voor het ontwerp is de beleving van de omwonenden en de passerende automobilisten. Het is de bedoeling om de leegte ter plaatse ten behoeve van beide groepen gebruikers te benutten. De dramatisering van deze ruimte door middel van land-art achtige ingrepen en de introductie van een grootschalige snede levert een spectaculaire ruimtelijke beleving op voor de passerende automobilist. Met de krachtige sfeerbeelden en de prachtige enscenering van de rit slaagt de ontwerper op overtuigende wijze in zijn opzet om de stedelijkheid voelbaar te maken voor de automobilist. In dat opzicht is er sprake van een interessante verkenning van de beleving van de rit. Daarmee is overigens slechts een deel van de interessant opgave beantwoord. Veel minder invoel-

An Urban Montage

This project, sited in the zone between the railway and the A2 in Maastricht, is to introduce here the quality of 'undefined space'. It steps off from the way local residents and passing motorists perceive this zone. The aim is to exploit the empty space on site to benefit both groups. By dramatizing this space through land art-like interventions and a major incision, passing motorists are afforded a spectacular spatial experience. Armed with high-powered impressions and the amazing mise-en-scène of the journey, the designer succeeds convincingly in his proposal to make the urbanity on site tangible for motorists. In that respect he provides an interesting overview of their perception of the journey. Yet this satisfies just one part of what is a compelling brief. What the locals think about the desolate space is much less clear. Indeed, it is highly questionable whether the proposed void would enable appropria-

baar is de kwaliteit van de desolate ruimte voor de omwonenden. Het is zeer de vraag of de voorgestelde leegte toe-eigening door de omwonenden mogelijk maakt. Daarmee is het ontworpen statement een onvolledig antwoord op de theoretische uitgangspunten. De kansen van het gebied voor de bewoners waar de ontwerper over spreekt worden met dit voorstel dan ook niet benut.

tion by the local residents. In that sense, the designed statement only partly satisfies the theoretical departure-points. So the zone's opportunities for the residents as propounded in the design account are not met.

Dawid Strebicki

→20,74–75

School in Amsterdam

Het ontwerp betreft een school in de open zone van de woonwijk het IJ-plein in Amsterdam Noord. Het ontwerpproces wordt door de ontwerper omschreven als een zoektocht naar antwoorden en een presentatie van twijfels. Dat komt tot uitdrukking in de presentatie die geen expliciete verantwoording van het plan omvat. Een duidelijke probleemstelling wordt niet gegeven, de rapporten bevatten een eindeloze reeks beelden zonder een heldere toelichting.

Wel keren de kwaliteiten van de referentiebeelden op overtuigende wijze terug in het plan. Het ontwerp is helder gepresenteerd en wordt gekenmerkt door een intrigerende ruimtelijke kwaliteit. De opzet van een aantal, licht ten opzichte van elkaar gedraaide torentjes op een verhoogde plint levert fraai gearticuleerde buitenruimten op met een goede bezonning en een hoge verblijfskwaliteit. In het interieur is sprake van een mooie ruimtelijke ontwikkeling en wordt de verkeersruimte op inventieve wijze ingezet ten behoeve van de flexibiliteit van het gehuisveste programma. Impliciet levert het plan commentaar op de huidige grootschalige schoolcomplexen. Dit plan slaagt erin de intimiteit van een kleine school te realiseren binnen een omvangrijk complex. Uit het ontwerp blijkt de hand van een getalenteerd, vakbekwaam ontwerper.

School in Amsterdam

The design is for a school in the open zone of IJ-plein residential area in Amsterdam-Noord. Its designer describes the design process as a search for answers and a presentation of doubts. This is expressed in the presentation, which does not include an explicit account. There is no clear-cut definition of the issues at hand, the reports unfurling an endless string of images without explaining them clearly.

Having said that, the qualities of the reference images do reappear convincingly in the design, which is vividly presented and marked by an intriguing spatial quality. The configuration of towers lightly rotated away from each other atop a plinth gives exquisitely articulated outdoor spaces with good sunlighting and most conducive to lingering. Inside, there is a fine spatial development with the circulation space inventively aiding the flexibility of the accommodated programme. Implicitly, the project critiques today's unwieldy school complexes, itself successfully creating the intimacy of a small school within a large ensemble. It reveals a gifted and skilled designer.

Derk van der Velden

→21,76–79

De Resonator

Dit landschapsarchitectonisch plan presenteert een uitgekiend alternatief voor de aanpak van de afsluitdijk. Door middel van een 42 kilometer lange dam, de resonator, aan de zuidkant van de afsluitdijk wordt de getijdenbeweging in de Waddenzee versterkt en blijft het ondanks de zeespiegelstijging mogelijk om de komende honderd jaar water uit het IJsselmeer op de Waddenzee te lozen. Het plan voorziet daarnaast in een gevarieerd landschap waarmee de toeristische en ecologische potenties van het gebied benut kunnen worden.

De kracht van het plan ligt in de briljante hoofdingreep die een doeltreffende oplossing voor het gestelde probleem van de waterafvoer vanuit het IJsselmeer bij de verwachtte zeespiegelstijging biedt. Het plan presenteert een oplossing die tot nu toe over het hoofd werd gezien in de verschillende studies over dit onderwerp. Dat het principe goede aanknopingspunten biedt voor de ontwikkeling van het gebied blijkt uit een aantal aanzetten die echter niet ver worden uitgewerkt. Het trefzekere landschappelijk systeem biedt op hoofdlijnen een aantal goede aanzetten met betrekking tot de oplossing van het slibprobleem en de waterkwaliteit van het IJsselmeer terwijl er goed wordt omgegaan met de cultuurhistorische waarde van de Afsluitdijk. Daar waar de dijk wordt aangepast gebeurt dat met, zeer goede, redenen. Dat de brug die een deel van de dijk vervangt het icoon van het plan moet worden wordt weliswaar onderkend, maar dat besef wordt in de beeldende presentatie onvoldoende overgebracht. Op het hogere schaalniveau mist een duidelijke motivatie van het plan in de context van de Noordzeekust.

The Resonator

This landscape design presents a sophisticated alternative to the Afsluitdijk project. The Resonator, a 42-kilometre long dam on the south side of the Afsluitdijk, strengthens the tidal movements in the Wadden Sea and enables water to be discharged from IJsselmeer into the Wadden Sea for the next hundred years, despite the rising sea level. The project also provides a varied landscape that exploits the area's tourist and ecological potentials.

The plan's great strength lies in the brilliant principal intervention which deftly solves the stated issue of water discharge in the face of rising seas. The solution it presents is one that has until now been overlooked in the studies done on this subject. That the principle holds out excellent departure-points for developing the area is clear from a number of initial steps, although these are not developed to any extent. The well-chosen landscape system offers along broad lines several good initial moves towards solving the problem of sludge and the quality of the water in IJsselmeer while dealing thoughtfully with the cultural historical value of the Afsluitdijk, no more so than at the modified stretch of dyke. That the bridge replacing part of the dyke is to be the project's iconic element is acknowledged yet is insufficiently conveyed in the expressive presentation. Exactly what the plan is to achieve at the macro scale of the North Sea coast is unclear.

Tim Vermeend

→22,80–81

A New Breed of Building

De ontwerper wil de gelaagdheid van de wijk Aldgate in Londen vergroten. Hij realiseert zijn doel door aan de bestaande structuur een uitgebreid, deels ondergronds gesitueerd bouwvolume toe te voegen. De ontwerper slaagt er goed in om deze complexe puzzel ruimtelijk op te lossen. Het ontwerp biedt ruimte aan nieuwe functies terwijl de bestaande bebouwing gehandhaafd blijft. Het ontwerp wordt gepresenteerd door middel van een fraaie, origineel gematerialiseerde maquette.

Het plan biedt echter geen inzicht in achterliggende vragen. Zo blijft het onduidelijk waarom er hier op deze wijze verdicht moet worden. Het nieuwe

A New Breed of Building

The designer seeks to increase the layering in the Aldgate area in London. This he does by adding to the existing structure an extensive, partly buried volume, successfully solving this spatially complex puzzle in the process. The design, presented as an attractive scale model in an original material form, makes space for new duties while retaining the existing structure.

However, the project sheds no light on the questions it poses. Thus, it remains unclear as to why this area needs consolidating along these lines. Not enough is done to relate the new to the received programme, and the voluminous report accompanying the presentation shows little evidence of its designer

programma wordt te weinig in verband gebracht met het bestaande programma terwijl het dikke rapport dat de beeldende presentatie begeleidt
geen blijk geeft van de bestudering van bestaande studies. Daardoor wordt
de kans gemist om voort te bouwen op bestaande voorbeelden en zo de ver-
dichtingstrategie verder aan te scherpen. Hoewel het ontwerp de hand van
een kundig ontwerper verraadt, doet de ontwikkelde oplossing willekeurig
aan door het gemis van een sluitende theoretische onderbouwing.

having acquainted himself with existing studies. Consequently, it forfeits the
chance of building on existing examples so as to make the consolidation strategy more precise. Although the design attests to its designer's capabilities,
the solution he develops seems haphazard owing to the lack of a balanced
theoretical underpinning.

Ke Zou
→22, 82–83

Transportation Hub

Over het Centraal Station van Rotterdam is een hub in de vorm van een dynamische structuur geprojecteerd. Het plan beoogt in te spelen op het gedrag
van de mensen en de bewegingen van de reizigersstromen. De ambitie om
de sociale aspecten in de opgave te betrekken is interessant, maar lijkt hoog
gegrepen.
De overweldigende presentatie is moeilijk toegankelijk en geeft onvoldoende
inzicht in met name de interactie met de passanten en de niet onbelangrijke
logistieke aspecten van de opgave. De fascinatie voor de blob en ruimtelijke
structuren lijkt in de op zichzelf indrukwekkende en verdienstelijk ontworpen constructie de overhand te hebben. De jury krijgt de indruk dat de bege-
leiders de ontwerper beter bij de les hadden moeten houden.

Transportation Hub

This design projects a hub in the form of a dynamic structure across Rotterdam
Central Station. The project seeks to pick up on the behaviour of people there
and the movements of traveller flows. The idea of drawing social aspects into
the brief is interesting if a little ambitious.
The stunning presentation is difficult to fathom and says little about the interaction with passers-by and the not unimportant logistic aspects of the brief.
The designer's enthusiasm for blobs and space structures seems to have got
the better of him in what in itself is an impressive and creditably designed solution. The jury feels that his supervisors should have kept his thoughts turned
more towards his studies.

Jeroen Zuidgeest
→23, 84–85

Give me back my freedom!

Het plan bestaat uit een gedegen, kritisch onderzoek dat uitmondt in een
manifest. Op basis van de resultaten van het onderzoek wordt een prototype
kantoor ontworpen. De ontwerper wil door middel van een radicale vereenvoudiging van het kantoorconcept tot een 'easy architectuur' komen die een
ongecompliceerde omgeving biedt. Het doel is om daarmee de gebruikskwaliteit en de individuele vrijheid van de gebruiker te vergroten.
De studie is waardevol. Een prachtig boek bevat veel informatie en relevante
ideeën. Het geeft blijk van een kritische blik.
In tegenstelling tot de vrijheid en ongecompliceerdheid die nagestreefd wordt,
is het ontwerp hermetisch. Het ontwerp heeft het karakter van een schematische optelsom van de verschillende onderzoeksresultaten. De ambities van
het manifest worden door het ontwerp niet ingelost.

Give me back my freedom!

The project consists of a sound critical study, culminating in a manifesto, and
a prototype office designed from the results of the study. Its designer seeks to
create the uncomplicated environment of an 'easy architecture' by radically
simplifying the office concept, the aim being to increase performance and individual freedom.
The study itself, exemplified by a beautifully turned-out book full of information and relevant ideas, is valuable and clearly the work of a critical mind.
Despite the calls for freedom and simplicity, the design itself is hermetic.
Having much of a summary in diagram form of the results of the research, it
fails to live up to the intentions set down in the manifesto.

Pieter Bas Zwaga
→24, 86–87

Nieuw Fries Museum, gebouwd behoud

Met het originele ontwerp voor het nieuwe Fries Museum op het Zaailand in
Leeuwarden beoogt de ontwerper een aantal problemen van de huidige cultuurhistorische musea op te lossen.
Daartoe ontwikkelt hij een interessant flexibel ruimtelijk concept waarbij de
depots in het publiek toegankelijke circuit zijn opgenomen. Het basisidee
biedt een mooi uitgangspunt voor uitwerking van een nieuw type streekmu-
seum. Het haalt de intimiteit terug van de lokale collecties en plaatst de
hele collectie weer in het middelpunt van de belangstelling in plaats van een
beperkte selectie van een curator.
De uitwerking van het principe in een door het gehele museum toegepaste
structuur van kastruimte, geïnspireerd op het principe van de letterbak is
geforceerd. De dominerende kaststructuur wordt daardoor een keurslijf en
staat de vrijheid die ermee beoogd wordt in de weg. De inpassing van het
museum in de omgeving blijft in het plan onderbelicht.

New Frisian Museum: conservation through construction

With this original design for the new Frisian Museum on Wilhelminaplein in
Leeuwarden the designer seeks to resolve a number of issues afflicting cultural historical museums today.
To that end, he has developed an interesting, flexible spatial concept in which
the museum depots are taken up in the publicly accessible circuit. The basic
idea makes an admirable departure-point for developing a new type of regional museum. It brings back the intimacy of local collections and places the
collection as a whole back at the centre of attention, instead of just a limited
selection from it made by a curator.
Unfortunately there is something strained about the way a layout in compartments, inspired by the principle of the printers' type case, has been applied
throughout the museum. As a result, the ubiquitous storage cabinet structure
becomes a straitjacket that obstructs the freedom intended by the project.
Lastly, the design account is unforthcoming on the museum's relation to its
surroundings.

Over Archiprix
<u>About Archiprix</u>

De hogere Nederlandse ontwerpopleidingen selecteren jaarlijks hun beste afstudeerplannen voor deelname aan Archiprix. De zevenentwintig plannen die voor Archiprix 2009 werden ingezonden geven in al hun verscheidenheid een beeld van de stand van het Nederlandse ontwerponderwijs in het studiejaar 2007–2008. De diversiteit is kenmerkend voor Archiprix. Anders dan bij de meeste prijsvragen is er geen sprake van een gezamenlijke opgave. Zowel het schaalniveau, als de behandelde problematiek, als de wijze van presenteren varieert per plan. Aankomend talent wordt vaak voor het eerst door Archiprix gepresenteerd.

De Stichting Archiprix is een samenwerkingsverband van Nederlandse onderwijsinstellingen voor hoger onderwijs op het gebied van architectuur, stedebouw en landschapsarchitectuur. De stichting is opgericht in januari 1992 en komt voort uit de 'Landelijke Commissie Studentenplannen' die in 1974 op initiatief van de Stuurgroep Experimenten Woningbouw is ingesteld. In 1986 veranderde de Landelijke Commissie haar naam in Archiprix.
Participerende opleidingen zijn:
——Amsterdamse Hogeschool voor de Kunsten: Academie van Bouwkunst Amsterdam
——Academie van Bouwkunst Arnhem
——Technische Universiteit Delft: faculteit der Bouwkunde
——Technische Universiteit Eindhoven: faculteit Bouwkunde
——Academie van Bouwkunst Groningen
——Academie van Bouwkunst Maastricht
——Hogeschool Rotterdam: ribacs, Academie van Bouwkunst Rotterdam
——Academie voor Architectuur en Stedebouw, Tilburg
——Wageningen Universiteit en Researchcentrum landschapsarchitectuur

De Stichting Archiprix kent de volgende doelstellingen:
1——Het bevorderen van de instroom in de ontwerppraktijk van talentvolle ontwerpers die afstuderen aan de Nederlandse opleidingen voor hoger onderwijs op het gebied van architectuur, stedebouw en landschapsarchitectuur.
2——Het bieden van een podium aan de Nederlandse ontwerpopleidingen waarop zij zich in binnen en buitenland kunnen presenteren.
3——Het bevorderen van de discussie met betrekking tot de inhoud en de kwaliteit van het ontwerponderwijs in Nederland.

In het kader van deze doelstellingen organiseert Archiprix jaarlijks de jurering, premiëring en presentatie van de beste afstudeerplannen van de deelnemende opleidingen.
Deze onderwijsinstellingen sturen daartoe jaarlijks hun beste afstudeerplannen naar Archiprix. Het bestuur van Archiprix benoemt ieder jaar een jury die de ingezonden plannen beoordeelt en de prijzen en/of eervolle vermeldingen toekent. De jury bestaat uit vier deskundigen die elk werkzaam zijn in één van de deelnemende vakgebieden, aangevuld met een theoreticus. Tijdens een Openbare Bijeenkomst wordt het juryoordeel bekend gemaakt, worden de plannen voor het eerst tentoongesteld en verschijnt de publicatie van de ingezonden plannen en het juryrapport.
Het bestuur van Archiprix bestaat uit vertegenwoordigers van de aangesloten opleidingen en een onafhankelijk voorzitter.

Op 1 april 2009 was de samenstelling als volgt:
Thijs Asselbergs (voorzitter)
Aart Oxenaar (penningmeester), Amsterdam
Wytze Patijn, Delft
Ko Jacobs, Arnhem
Gijs Wallis de Vries, Eindhoven
Gert ter Haar, Groningen
Niek Bisscheroux, Maastricht
Chris van Langen, Rotterdam
Marc Glaudemans, Tilburg
Paul Roncken, Wageningen

Each year the higher institutions that teach design in the Netherlands select the best graduation plans by their students for submission to Archiprix. The twenty-seven plans submitted to Archiprix 2009 present in all their diversity a picture of the state of play in Dutch design education during the school year 2007–2008. Such diversity is typical of Archiprix. Unlike most competitions there is no common design task. Scale, issues, presentation – all of these differ per plan. Up and coming talent is often presented for the first time by Archiprix.

The Archiprix Foundation is a collaboration between higher educational institutions in the Netherlands in the fields of architecture, urban design and landscape architecture. The foundation was set up in January 1992 and derives from the 'National Commission for Student Plans' established on the initiative of the 'Steering Committee for Experiments in Domestic Construction'. In 1986 the National Commission changed its name to Archiprix.
The institutions taking part are:
——The Amsterdam School of the Arts: academy of architecture
——Academy of architecture Arnhem
——Delft University of Technology: Faculty of Architecture
——Eindhoven University of Technology: Faculty of Building and Architecture
——Academy of architecture Groningen
——Academy of architecture Maastricht
——Hogeschool Rotterdam: Academy of Architecture and Urban Design
——Academy of Architecture and Urban Design, Tilburg
——Wageningen University and Research, landscape architecture group

The objectives of the Archiprix Foundation are:
1——To promote the influx into the design world of talented designers graduating from Dutch institutions for higher education in the fields of architecture, urban planning and landscape architecture.
2——To offer a platform to Dutch design institutions on which to present themselves both at home and abroad.
3——To further discussion about the content and quality of design education in the Netherlands.

In line with these objectives Archiprix organizes annually the judging, awarding and presenting of the best graduation projects from the participant institutions.
These educational institutions consequently send the best of their graduation projects to Archiprix each year. And each year the executive board nominates a jury to judge the submitted plans and award the prizes and/or honorable mentions. The jury consists of four experts each active in one of the fields involved, supplemented by a theoretician. During a Public Meeting the jury's assessment is made known, the plans are shown for the first time and the book containing the submitted plans and the jury report is presented.
The board of Archiprix consists of representatives of the above institutions and an independent chairman.

On 1 April 2008 the line-up was as follows:
Thijs Asselbergs (chairman)
Aart Oxenaar (treasurer), Amsterdam
Wytze Patijn, Delft
Ko Jacobs, Arnhem
Gijs Wallis de Vries, Eindhoven
Gert ter Haar, Groningen
Niek Bisscheroux, Maastricht
Chris van Langen, Rotterdam
Marc Glaudemans, Tilburg
Paul Roncken, Wageningen

Archiprix winnaars vanaf 1979
Winners since 1979

2009
Dingeman Deijs
Simone Pizzagalli
Servie Boetzkes
Derk van der Velden

2008
Ruud Smeelen
Sander Lap
Anne Seghers
Shany Barath
Gary Freedman
Iwan Westerveen

2007
Jochem Heijmans
Max Rink
Francisco
   Adão da Fonseca
Saša Rađenović
Marjolijn Guldemond
Francesco Marullo
Ivonne de Nood

2006
Seth de Rooij
Jan Hendrik Bos
Boris Hocks
Bas van Vlaenderen

2005
Furkan Kose
Theo Reitsema
Petra van de Ven

2004
Mark van Beest
Robert Verrijt
Ronald Rietveld

2003
Maarten Terryn
Daniel Casas Valle
Pim Pompen
Peter Masselink
Hiske Wegman
Delano Richardson
Piotr Poniatowski
Yuri Werner

2002
Harm Timmermans
Rob Willemse
William Veerbeek
Ingeborg Thoral

2001
Angie Abbink
Marten de Jong
Gert Anninga
Hans van Loon
Eddy Verbeek
Marco Visser
Hanneke van Wel

2000
Bart Reuser
Marijn Schenk
Jaco Woltjer
Roosmarie Carree
Isabelle Krier
Julietta Zanders

1999
Henk Korteweg
Caspar Slijpen
Jonas Strous
Ellen Marcusse
Marc Polman

1998
Jolai van der Vegt
Fenna
   Haakma Wagenaar
Patrick Meijers
Hans Moor
Joost Glissenaar
Hedwig Crooijmans
Jan Roozenbeek
Annemieke Diekman

1997
Nikol Dietz
Maarten van der Velde
Alies Rommerts
Peter Keijsers
Karel van Eijken
Nadia Jellouli-Guachati
Gerrit-Jan van Rijswijk

1996
Janneke Bierman
Robbert de Koning
Kamiel Klaasse
Pieter Bannenberg

1994
Emiel Lamers
Marieke Timmermans
Pascal Grosfeld
Christoph Grafe
Rik van Dolderen
Floris le Conge Kleyn

1993
Gerard van Heel
Jan Bruyn
Piet Goud
Katrien Prak

1992
Laurens Jan ten Kate
Patrick Fransen
Jeroen Hoorn
Frits van Loon
Berrie van Elderen
Martin Kleine Schaars
Harmen Otto
   van de Wal

1991
Marie-José Rijnvos
Roemer van Toorn
Liesbeth Janson
Jos Kramer
Caroline Stegewerns
Peter de Ruyter
Edwin van der Hoeven
Maaike Bos
Teo Bähler
Richard Hendriksen
Gery van Heesch

1990
Bjarne Mastenbroek
Annemariken Hilberink
Winka Dubbeldam
Jacob van Rijs
Ronno Honingh
Michiel Riedijk &
Juliette Bekkering

1989
Lars Spuybroek
Jurriaan van Stigt
Jan van der Veen
Ralph Hendrikx
Reinier Nijland
Dick van Gameren

1988
Erik Knippers
Liesbeth van der Pol

1987
Henk Meijer
Lody Trap
Pauline Koppen

1986
Jozef Harten
Albert van den Brink
Ad van Aert
René van Zuuk

1985
Sjoerd Cusveller
Paul Meeuwisse
Ady Steketee
Annette Marx

1984
Freek Riem
Dirk van As
Guido Swart

1983
Wim van den Bergh
Louis Dams
Chris de Weijer
Marc van Leent

1982
Frank van der Linden
Henk Engel
Paul de Vroom
Dolf Dobbelaar

1981
Johan Kappetein
Hans Claessens
Rob van Gemert

1980
Paul Kalkhoven
Hans van Heeswijk
René Jacobs
Stan Cornips
Theo Wisman
Hans de Gruil

1979
Gert-Jan Hendriks
Kees Hund
Aitse van den Bos
Joep Habets
Henk Mihl
Leon Thier
Bouke Verhaagen

Deelnemers 2009
<u>Participants 2009</u>

Joep van As
Acaciastraat 17
5616 LK EINDHOVEN
joepvanas@hotmail.com

Sanne Blom
Watergeusstraat 36 a
3025 HS ROTTERDAM
sanneblom@gmail.com

Servie Boetzkes
Tongelresestraat 48
5611 VK EINDHOVEN
mail@servieboetzkes.nl

Linda Buijsman
Assendelftstraat 1
2512 VS 'S-GRAVENHAGE
Linda.buijsman@gmail.com

Dingeman Deijs
Plantage Kerklaan 20 II
1018 TB AMSTERDAM
ddeijs@hotmail.com

Björn Fries
Raiffeisenstrasse 6
D-58093 HAGEN (GERMANY)
b.fries@gmx.de

Janita Han
van Hasseltlaan 592
2625 JK DELFT
jan.han@gmail.com

Jos van Heerde
Pluvierstraat 432
2583 KJ 'S-GRAVENHAGE
josvanheerde@hotmail.com

Daan Koch
Arcas 16
7000 CHUR (SWITZERLAND)
daan@daankoch.com

Joost Kok
Paradijslaan 119 b
3034 SK ROTTERDAM
joostkok01@hotmail.com

John van Lierop
Jan Heijnsstraat 29
5041 GB TILBURG
jvanlierop@hotmail.com

Jan Maas
Prinsengracht 439 h
1016 HM AMSTERDAM
janmaas78@hotmail.com

Marko Matic
Woltersweg 101
7552 DB HENGELO
m.matic@iaa-architecten.nl

Erik Moederscheim
Oostmaaslaan 255 c
3063 AV ROTTERDAM
erik@moederscheimmoonen.nl

Minke Mulder
Weerdsingel oz 52 b
3514 AE UTRECHT
minkemulder@gmail.com

Claire Oude Aarninkhof
J.J. Cremerplein 24-3
1054 TL AMSTERDAM
oude.hof@gmail.com

Simone Pizzagalli
Beukelsdijk 157 a
3022 DE ROTTERDAM
simonepizzagalli@gmail.com

Lisette Plouvier
Van Diemenstraat 205
2518 VB 'S-GRAVENHAGE
leez_79@hotmail.com

Rolf Reichardt
Loeff Berchmakerstraat 36
3512 TD UTRECHT
reichardt@zonnet.nl

Raven Rumes
Clementstraat 34
B-2880 BORNEM (BELGIUM)
raven.rumes@awg.be

Berta Sanz Peña
bertasanzpe@hotmail.com

Hein Smedts
Oosterweertlaan 61 b
6229 XL MAASTRICHT
emsh@hotmail.com

Dawid Strebicki
Nieuwe Binnenweg 246
3021 GP ROTTERDAM
ds@starzakstrebicki.eu

Derk van der Velden
Prinses Margrietplnts 17
1403 ST BUSSUM
info@derkvandervelden.nl
www.derkvandervelden.nl

Tim Vermeend
Van Boetzelaerlaan 5b
2581 AK 'S-GRAVENHAGE
timvermeend@ucarchitects.com

Ke Zou
Herman Robbersstraat 104 c
3031 RL ROTTERDAM
zouke16bird@hotmail.com

Jeroen Zuidgeest
De Savornin Lohmanlaan 101 b
3038 NG ROTTERDAM
j_zuidgeest@hotmail.com

Pieter Bas Zwaga
Schans 1
9723 ZG GRONINGEN
pieterbaszwaga@kpnmail.nl

Colofon
Credits

Dit boek werd mede mogelijk gemaakt dankzij een bijdrage van
Hunter Douglas
This publication has been made possible through the support of
Hunter Douglas

Redactie Edited by:
Henk van der Veen

Maquette- en reproductiefotografie Photos of models and plans:
Hans Krüse & Hans Schouten, Delft

Vertaling Translation into English:
John Kirkpatrick, Rotterdam

Vormgeving Design:
Ingeborg Scheffers, Amsterdam

Druk Printed by:
Die Keure, Brugge

www.archiprix.nl
www.010.nl

ISBN 978-90-6450-691-8